時代論壇書系

彩虹的兩端

性傾向歧視立法爭論二百天

葉敬德 主編

基道出版社

時代論壇
CHRISTIAN TIMES LTD

▼

時代論壇書系

彩虹的兩端

性傾向歧視立法爭論二百天

The Ends of the Rainbow

200 Days of Dispute over SODO Legislation

主編
葉敬德 Ip, King-Tak

責任編輯
羅民威

內文設計
莫可雅

封面設計
李贊海

■

聯合出版

基道出版社
香港沙田火炭坳背灣街26號富騰工業中心1011室
LOGOS PUBLISHERS
Unit 1011, Fo Tan Ind. Centre, 26 Au Pui Wan St.
Shatin, Hong Kong
電話：(852) 2687-0331 傳真：(852) 2687-0281
網址：http://www.logos.com.hk

基督教時代論壇週報
香港九龍油麻地彌敦道476號優質教育集團中心11樓
CHRISTIAN TIMES
11/F., Quality Education Tower,
476 Nathan Rd., Yaumatei, Kowloon, Hong Kong
電話：(852) 2785-7688 傳真：(852) 2785-8335
網址：http://www.christiantimes.org.hk

發行
基道出版社

承印
海洋印務有限公司

●

10/2005初版
Cat. No. LP907
ISBN 962-457-295-X

前言——開啟緊閉的一扇窗

儘管香港教會素以開放、包容及自由見稱，但同性戀長期被定性為一種禁忌的罪性——因為禁忌，我們對同性戀認知不深；因為罪性，我們對同性戀者芥蒂至深。

隨著社會變遷，檢視同性戀者的自由與權利，已從開始的絕對排斥，像鐘擺移向較多的尊重與包容，並將個人的性傾向落實到法律層次的公共領域，因而也喚起了教會的關注與震盪。西方國家的經驗，更令教會感到焦慮與不安。

正因為同性戀問題不單純是宗教與道德的判斷與抉擇，更涉及複雜的醫學、遺傳、倫理、人權、政治……，如果教會以一貫「關門教子」的宗教議題方式與內容，放進公共議題的領域中，就顯得偏狹和缺乏說服理據。因此當香港進入性傾向歧視條例立法的醞釀期，教會有必要加強認知，開放對話，才能迎接這一場被喻為最嚴峻的時代戰爭。

基督徒無法避免在倫理議題上傾向保守。教會在同性戀問題上的高度戒備，是基於這種性關係取向足以破壞上帝創造人類本來美好而和諧的關係，從現實出發則令家庭制度備受衝擊——簡單地說，是要基督徒放棄信仰中最重要的關係元素——絕對是不容妥協的。

對同性戀組織來說，從壓制中爭取釋放，在法律中爭取公平，卻是同志們畢生奮鬥的目標，會是寸土必爭，不能退卻。

因此就形成了「彩虹兩端」的對立。

本書彙集的文章，是《時代論壇》多年來承受著指控與誤解，仍然堅持教會良心的角色，讓爭論性的議題有更寬厚的討論向度。惟有如此，我們才能進入公共領域的對話空間。要別人聆聽教會的聲音，教會必先學習聆聽不同的聲音，而不是停滯於簡單感性的表態——贊成或反對。

作為一個基督徒傳媒工作者，我只有點出問題而沒有提供答案的能力。從近年反覆的論述中，有幾方面的矛盾與頸瓶是需要認真處理——

一、 同性戀被高度提升為自由民主平等人權的表徵，而教會基本上又是這些價值觀的擁護者。在同與異之間如何平衡取捨，不致因噎廢食？

二、 聖經對同性戀，並無提供正當性的空間，支持同性戀的基督徒群體自會另闢蹊徑作神學的基點，以致出現一本聖經，各自表述的現象。在和與同之間，如何維繫肢體的關係，不致割蓆對立？

三、 當進入法律條文的思辯層面，教會群體無疑有一定的發言權及成為諮詢對象，如何走出自保心態，將信仰倫理融入社會倫理的核心價值中，連結更多社會力量去維護家庭的完整性。在大與小之間，如何協作調和？

四、 在教會群體與同志組織的對立張力中，如何顯示基督信仰對人的關愛與包容，而又不流於對罪的妥協。在釋「苦」與責「罪」之間，如何緊隨基督的腳步？

在此分外感謝合作夥伴基道出版社的義氣配合，應時出版；以及浸會大學校牧葉敬德博士義不容辭，擔當主編。希望本書能成為一扇敞開的窗，讓大家看見彩虹的光譜、折射與弧度；更是一篇集體的禱文，讓上帝的旨意在我們身上成全，而不是只求上帝順我們的旨意而行。

李錦洪

《時代論壇》社長兼總編輯

編者序

隨著荷蘭、比利時和西班牙等國家的政府承認同性婚姻的合法性，加拿大國會眾議院亦於二〇〇五年六月二十八日通過同性婚姻議案，只要該國的參議院通過，加拿大便會成為全球第四個同性婚姻合法化的國家。而為了順應國際的趨勢和香港反歧視政策的發展，香港政府亦有意就著性傾向歧視進行諮詢和立法。而基督教內部支持和反對立法的雙方亦因而展開了連串的爭論。

就著性傾向歧視立法的爭論可以說是相當激烈的，因為從二〇〇五年年初至今，正反雙方經已發表了數十篇文字。然而，由於大部分參與的都不願意針對性地回應對方的論點，因此，論辯至今亦只可以說是一場爭論，而不可以說是對話。

基本上，反對立法的認為聖經的教導，是反對同性戀行為的。尤其是創世記第一章和第二章記載神所創造的是男女兩性，而保羅在羅馬書第一章24節至32節視同性戀行為為人類種種罪惡的其中一種。因此，他／她們傾向於視同性戀行為是社會建構的、後天學習的和個人選擇的行為，是不道德的，是不應該認同的。

然而，部分支持立法的卻認為，聖經的詮釋(Hermeneutics)並非僅僅是以經文注釋(Exegesis)來支持教會的傳統，卻是要平衡建構道德立場的不同資源的權威，這些資源包括：聖經、教會傳統、人類的理性和經驗。由於他／她們接受同性戀者經驗的權威性，亦相應接受同性戀者對聖經的理解，認為神與弱勢的同性戀者認同，亦相信同性戀的傾向是神所創造的，是天生的。此外，亦有部分基督徒認為國家應該保障同性戀者在社群中獲得平等的權利而支持立法反對性傾向的歧視。

雖然圍繞著性傾向歧視應否立法的爭論相當激烈，但雙方的訴求卻並不複雜。

除了道德的考慮外，反對者亦指出，「性傾向」的含義是可以非常籠統的，它所指的傾向可以不僅是同性戀或雙性戀，亦可以是孌童、戀物……等的性傾向。當然，支持者也可以回應說，只要法例清楚界定「性傾向」的定義和保障的範圍，便可以解決反對者在這方面的疑問。而且，兩個成年人兩情相悅的關係跟孌童、戀物……等行為是不可以同日而語的。

第二，反對者也擔心，性傾向歧視立法會導致「逆向歧視」的出現。意思是立法將會令不接受或反對同性戀的言論自由不再獲得立法的保障，而他／她們舉出多個外國的案例，以說明他／她們的看法。例如：美國威斯康辛州麥迪遜市有兩名婦女因為拒絕將房間租給一位女同性戀者而被罰款、寫道歉信和被逼參加由同性戀者教授的「覺醒課程」。又例如：英國某牧師每週兩次拿著「耶穌賜平安、耶穌活著、停止不道德的事、停止男同性戀、停止女同性戀、耶穌是主」的標語，到市中心宣講。二○○一年十月某天，他被約四十名包括同性戀活躍分子的群眾襲擊。結果警察到場將這位牧師拘捕，法官更以《公安法》審判他，説他侮辱聚集群眾，判他罰款及支付法律費用。法官承認其標語過短，不具威脅性或辱罵性，卻仍具侮辱性。反對者希望藉著這些案例指出犯案者都是為了堅持自己的信仰或價值而被起訴，形成了逆向歧視的情況。但是，筆者卻希望藉著這些案例帶出一些在我們面對應否立法時值得思考的問題。

第一，就第一個案例而言，如果這兩名婦女並不是因為租金等其他原因，卻純粹因為對方是同性戀者而拒絕將房間租給這位女士，則她們無可否認是歧視同性戀者。而如果香港就性傾向歧視立法，這類的案例亦可能會出現。當然，支持立法者會指出，由於提出起訴可能會導致反效果，令人更加討厭同性戀者，所以被歧視者大多不會提出起訴。或謂縱使提出起訴，也不易勝訴。因此，反對者毋須擔心。但是，相信問題經已不是反對者是否願意接受這種看法。而是香港市民是否願意接受這類案例將會在香港出現的可能性。

第二，問題是租出房間是一種行為，歧視是一種態度。或許這兩名婦女會將房間租給這位女同性戀者，但卻表明反對同性戀行為，並視之為令人討厭的、不道德的行為。那她們又會否因而被起訴呢？根據戴耀廷的解釋，「只有當一個人因另一人的性傾向而藉公開活動煽動對該人的仇恨、嚴重的鄙視或強烈的嘲諷，那才算是違法。」所以，她們會否被起訴則要視乎她們怎樣表達自己的看法了。但是，這個現象卻正好説明，或許立法可以規範人的行為，卻不可以改變人的態度。

第三，就第二個案例而言，該位牧師是因為宗教的信念而公開反對同性戀，結果被視為散播具侮辱性言論而被定罪。他被定罪是否顯示反對同性戀的言論自由受到限制呢？當然，首先的問題是這類情況在或許會立法的性傾向歧視法中會否會被視為違法。其次是支持立法者所說的，基督宗教會否被豁免的問題。

然而，當談及豁免時，我們不禁要問：被豁免的是否僅是神職人員？是否也包括教會？直屬或附屬於教會的團體？一般信徒？是否僅在宗教性的場合獲得豁免？非宗教性的則不可以？是否僅僅基督宗教會被豁免？那些接受「男女交合」才能夠「陰陽共濟」的儒家或道教人士，和那些相信佛教的戒律而反對同性戀的人士，是否也應該獲得豁免呢？而且，反對的基督徒可否拒絕豁免而選擇為了他／她們認為是真理的信念「殉道」呢？

圍繞著這場爭論的，除了支持和反對的人士外，亦有部分人士提出了另一條出路。黃繼忠主張，萬一立法則可按以下原則進行：「與性傾向不相關的領域，應採取劃一甄選準則；與性傾向相關的領域，受影響的人士有自由——不是豁免——決定甄選準則。」而他更具體地指出，「反歧視法例不應應用到所有牽涉性傾向及家庭倫理的範疇／機構／活動。」但是，如果性傾向歧視立法的重點是針對性傾向的歧視，那又如何能夠不應用到所有牽涉性傾向及家庭倫理的範疇／機構／活動呢？而且，家庭倫理的領域是否能夠跟其他領域完全分割呢？例如：在就業方面，同性戀者的伴侶是否可以享有企業提供給異性戀配偶的同等福利呢？在教育方面，我們在教導異性戀的婚姻和家庭的問題時，是否也要教導同性戀者應該享有相同的待遇呢？如果香港果真就性傾向歧視立法，卻不將法例應用到牽涉性傾向及家庭倫理的領域，則那又將會是怎樣的一條法例呢？

爭取給性傾向歧視立法的人士往往會強調同性戀者應該獲得公平的對待，這是他／她們所應該享有的權利。當然，如果某人享有某種權利，我們便應該按他／她所應得的對待他／她。但問題是同性戀者所享有的是怎樣的權利呢？首先，同性戀者是人，所以他／她們都應該享有任何人生而為人所應該擁有的基本權利。然而，就其同性戀的性傾向應否獲得與異性戀者相同的對待，則是頗具爭議的問題。問題是同性戀性傾向是天生的或是社會建構的呢？如果同性戀是天生的，是不能逆轉的，則他／她是否便應該享有跟異性戀者相同的權利呢？但是，目前科學仍然不能夠證明同性戀是天生的；卻有好些成功的例證，給我們看見部分同性戀者是可以逆轉的。好些人都相信同性戀是因為先天和後天因素的影響而形成的。或許當事人並未意識，卻是一種選擇。況且，從基督宗教的角度看，對同性戀的判斷並不需要完全基於科學的看法，卻是基於神學反省的結果。縱使科學能夠證明同性戀是天生的，但那些反對者仍然可以視同性戀行為為人類叛逆神的證明。而既然科學仍然未能夠證明同性戀是天生的，則就其同性戀的性傾向應否獲得與異性戀者相同的對待便更成疑問。意思是這方面的並不是基本的權利，卻是要社會認同的建構的權利。但異性戀又是否必然是天生的呢？

或許同性戀者並不是天生的，他／她們所享有的並不是基本的權利。但他／她們是否不應該與異性戀者享有平等的機會呢？何以異性戀者可以自由地談戀愛、結婚、生子，但同性戀者卻不能獲得相同的機會呢？反對者提出的理據又是否令人信服而足以阻止同性戀者獲得相同的機會呢？同性與異性的差異是否便可以否定「類同的情況應該獲得類同的對待」的原則呢？

本書編寫的目的便是要讓讀者從不同的角度了解圍繞著性傾向歧視立法的爭論。第一章是羅民威所作的一篇報道，讓我們簡單了解議題產生的背景和不同宗派對這議題的基本看法。第二章則收集了胡志偉、戴耀廷和黃國棟的幾篇文章，目的是讓我們了解處理這議題的一些進路、所要考慮的一些問題和不同人可能會抱的不同態度。第三章主要是收集了反對立法的文章，讓我們能夠更深入了解一些反對者所持的理據和立法前與後的分別。第四章則收集了幾篇支持立法的文章。其中邵國華的文章雖然並沒有任何信仰成分，卻能夠幫助我們更明白爭取者的看法。史偉文的文字則認為，「我們不能因為同性戀不道德，就自動的……認為同性戀者不應有其反歧視法。」最後一章則收集了黃繼忠的幾篇文章，讓讀者認識他所提出的第三條進路。

目前政府並未就該法例提出任何具體的內容。而雖然我們看見好些人經已就此爭論不休，但卻仍有好些未及討論或討論不足的問題。所以，我們希望能夠有更多人就此參與討論，更希望能夠有非基督徒或其他宗教人士參與討論，讓社會大眾可以更深入地了解這議題，然後能夠就著立法與否、如何立法及法例的內容等作出明智的抉擇。

或許我們不能夠容忍不道德的事情，但如果有人果真受到歧視，那又是否不道德呢？

葉敬德博士(牧師)
香港浸會大學校牧
宗教及哲學系副教授
應用倫理學研究中心研究員

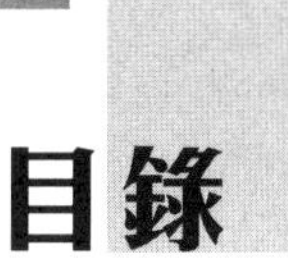

目錄

第四章　和解與誤解

第五章　第三條路線

第一章

取向與取態

取向多元 取態合一——宗派看反性傾向歧視立法

羅民威 《時代論壇》編輯主任

港府會否就反性傾向歧視立法，近月引起不少教會討論和關注。信徒關社團體素來立場斬釘截鐵，固然磨拳擦掌，開壇叫陣；宗派堂會內部，也開始醞釀討論，甚或已展開對應行動。

雖然有關立法的諮詢文件和條例草案仍未登場，但在現階段，應否提出立法本身已成爭論焦點。本報《時代論壇》獲悉，不同宗派的關注取向和速度或有不同，立場卻相當的接近——對於應否就反性傾向歧視立法普遍持反對態度。

反性傾向歧視之所以再度成為本地教會的關注焦點，觸發點是民政事務局一個關於港人對同性戀態度的民意調查。該調查打算在介乎十八至六十四歲的居港人士中，抽樣二千人進行意見調查。調查原於去年底進行，但一再押後。民政事務局在四月十八日回應本報查詢時表示，他們計劃在今年第二季展開電話訪問，並在下半年內公布調查結果。現階段他們所委託的顧問研究公司正著手設計調查問卷。（本書編按：港府於六月二十三日對傳媒表示，電話訪問將於七月中進行。）

民政事務局對本報表示，他們的意見調查主要內容是評估市民對不同性傾向(包括同性戀、異性戀和雙性戀)的認知、市民在不同的環境及情況下對同性戀者的接受程度、對同性戀者及其權利的看法，並尋求方法解決同性戀者所面對的歧視問題。

該局表示，他們在研究是否就性傾向歧視立法的課題上，會盡量聽取多方面的意見；他們在這課題上未有既定立場，亦未有時間表。

懷疑政府執意立法

然而，本地教會群體的社關組織，無論支持還是反對就反性傾向歧視立法的，都相信今年立法在望，而上述的意見調查將成立法關鍵。順著社運分子的政策角力邏輯，他們各自力爭更多教內外支持，彼此亦勢成水火。自年初以來，雙方陣營各自就性傾向歧視所進行的半公開聚會，均曾出現來自對方陣營人士「踩場踢竇」的語言衝突。

堂會和宗派方面，醞釀意見的工夫一直沒有停止過。事實上，歐美教會面對同志運動的「遭遇」令不少香港教會對本地相關議題的一舉一動均感憂慮，並認定港府已因為同志團體催迫而執意立法，情況更會每下愈況。不少福音派教牧響應維護家庭聯盟的呼籲，參與將於四月底刊登的聯署聲明，堅決反對「性傾向歧視條例」立法，擔心北美的「逆向歧視」會在香港出現。

部分宗派對此議題的反對傾向亦相當明顯。播道會月報今年重開神學及時事專欄，由總會授職部負責撰文，一開始就連續三期分析同性戀運動及反性傾向歧視立法的問題。事實上，維護家庭聯盟召集人陳黔開牧師本身是播道會牧師，而最近該會恩福堂主任蘇穎智牧師亦呼籲該堂逾千會眾投函政府反對立法。

而據了解，宣道會香港區聯會亦已於年初議決反對港府就性傾向歧視立法，並鼓勵屬下逾百間堂會就此議題有所討論和行動。另外亦有大型浸信會對事件密切跟進。

立法會否製造「另類領匯」？

至於主流教會（Mainline Churches）方面，年初，英文《南華早報》曾訪問中華基督教會香港區會總幹事陸輝牧師、香港聖公會總議會書記陳謳明牧師、循道衛理聯合教會主席李鼎新牧師，以及天主教會，最後該報記者認為「沒有主流教會反對立法提議」，引起維護家庭聯盟的反彈。其後更有人於教會刊物撰文，質疑個別牧者立場。

本報後來再訪問三位基督教牧者，他們對於立法其實都持有不同向度的憂慮。而他們的宗派均不約而同的因為政府未有草案或立法諮詢文件，而尚未就反性傾向歧視立法展開正式討論。

中華基督教會作為大型辦學團體，陸輝牧師對本報表示，他們屬下的學校，過去也曾多次遇到有人濫用《殘疾歧視條例》來投訴，雖然沒有一次能成功立案起訴，但來自平機會的信函總不能不理。基於這些經驗，陸輝覺得，縱然現時未知將來立法是鬆是緊，教會也會擔心「告不入也變『領匯事件』，到時誰出錢？」

「教育不只是教知識，更要教做人，教基督教價值，言教身教並重，與這議題有很大牽連。將來若立法太急，會有很多後遺症。」

按陸輝個人觀察，該會屬下大部分教牧都按傳統認為同性戀是罪，有少部分遵從較新的釋經觀點認為同性戀非道德上的罪。但由於中華基督教會屬公理制，他們會先將問題交回堂會討論，現時仍未有需要就神學方面進行投票表決。

小心同性戀議題的分化力量

事實上，同性戀議題所導致的教會分化可以相當尖鋭和具破壞力。年初，普世聖公宗要求美加聖公會「自願退出」聖公宗諮詢會議(Anglican Consultative Council；ACC)，原因是他們分別按立了同志主教和設立同志伴侶「祝福禮」。

陳謳明牧師對本報説，按聖公宗傳統，一個教省有重要轉變前，須與其他教省建立默契，否則可能陷其他教省於困境(例如在回教國家內的聖公會)。他舉例，在七十年代的聖公會港澳教區首次按立女牧師時，事前就曾經問過聖公宗諮詢會議，也取得坎特伯雷大主教首肯。

陳謳明説，去年十月普世聖公宗發表處理北美聖公會問題的《溫莎報告》後，香港聖公會曾在去年底和今年初分別與屬下堂會牧師及牧區議員討論。按他觀察，不論是華人還是外籍人士，大家都認為對同性戀者應以聆聽態度關懷，給予特別的牧養；但對於同志伴侶「祝福禮」看法傾向負面。此外，維持教會整體合一比其他事情更重要。「今次是同性戀，日後可以是其他議題。大家不希望會有問題令教會進　步分化。」

至於反性傾向歧視立法，陳謳明個人認為，即使同性戀在宗教誠信而言並不正確，但一旦真的立法，其實他們也沒有反對的餘地——在不應歧視同性戀者之餘，教會也不能強迫社會跟從自己的標準，一如教會不能要求立法禁止打小人的風俗。但陳謳明覺得，立法原為社會和諧，但立法過程所導致的分化已經得不償失；而為了保障小數而忽略多數人的表達自由也有問題。「可否去佛堂要求掛十架，不掛就指之為歧視？這不是歧視，而是有沒有尊重。」

陳謳明指出，同性戀問題只是冰山一角。他說，北美教會文化在當地社會佔重要位置，很多活動和思想都因而希望通過教會推動，爭取社會認同，六十年代的婦解運動如是，八十年代的同志運動也如是。「教會要回應時代脈搏，但不希望被利用牽著走。教會應有其超然的先知角色和自己的定位。」

甚麼宗派立場有助堂會牧養？

於此，李鼎新牧師認為，教會既是社會一分子，社會的困難也是教會的困難，沒所謂誰牽著誰。要問的倒是：教會在社會議題上能否提出基於聖經的信念和意見，被社會接納，從而影響社會。

按李鼎新的個人看法，無論從信仰、教會傳統和社會因素，都不能接納同性戀；但作為循道人，他要認清社會的多元、開放和共融的特質；因此對於不同性傾向人士，他不是肯定和完全贊同，而是基於牧養的因素要有容納。他相信，這也是他的宗派內大部分人的看法。「若教會也不能牧養他們，社會內還有哪裡可以？」

因此，將來若宗派討論對反性傾向歧視立法的立場時，李鼎新也希望能顧及堂會的具體處境：若教會有這類人，能否接納？對教友有甚麼影響？總會制定怎樣的立場才能協助到堂會？他覺得，現時社會互相猜疑，一丁點事就會懷疑對方動機；要重新建立人際關係，需要的是教育，「法例愈少愈好。」

不過李鼎新指出，在教會和社會內，對同性戀的恐慌(Homophobia)是的確存在的，亦可以理解，因為在海外的確出現了同性婚姻、同志牧師，甚至教會內的講論都可能成為被控告的把柄，這些因素都足以導致恐慌；但他相信，香港即使立法，按民政事務局在政府公共事務論壇的初步網上諮詢結果(見表)，也不會如海外的極端。

而陳謳明亦說，主導北美社會的意識形態其實不是民主自由，而是個人主義；但在香港，中西文化的拉力無可置疑，即若香港真的立法，相信也不會如美加般極端。

「賽前預查」顯示反對立法者逾半

民政事務局於今年三月十日至四月九日，曾於剛成立的政府公共事務論壇進行網上投票，就性傾向歧視議題徵詢該論壇三百五十名成員的意見。該論壇的成員來自商界、專業和學術領域的中產人士，由政府委任。

民政事務局發言人對本報表示，投票結果供決策局參考，但由於回應人數不足一百，其效力有限。

	贊成	不贊成	不予置評
需要立法處理性傾向歧視	29票	54票	2票
性傾向歧視在香港很普遍	25票	56票	3票
同性伴侶應取得一些夫婦所享的權利	42票	42票	3票
在推廣不同性傾向人士的平等機會方面，政府過去的教育工夫已經收效	16票	38票	13票

（載於《時代論壇》第九二一期，二〇〇五年四月二十四日。）

第二章 進路與策略

本港教會要關注同性婚姻合法化的爭論

胡志偉　香港教會更新運動總幹事

加拿大各界正對於同性戀是否享有「民事婚姻法」地位，展開全國的爭辯。加拿大國會已於今年二月一日向國會提出法案，打算賦予同性婚姻合法的地位，由於反對意見愈滾愈大，特別來自宗教界，此項議案能否於國會內通過，尚是未知之數；稍後該草案將進行二讀。目前，加拿大十三個省分及行政區中，已有八個接受同性戀婚姻合法化，但要在全國性通行，則要視乎聯邦政府表決。建議的草案，一方面更改了傳統看婚姻是「一男一女的結合」，現擴大至同性伴侶，也享有合法婚姻賦予的法律地位，另一方面又表明尊重宗教自由，不強制宗教人士為同志主持婚禮。

根據加拿大媒體的民調顯示，國會內有一百三十九位議員支持「同性戀婚姻合法化」，有一百一十八位議員反對，另外有四十九位議員尚未表態。曾有意見，要求就此進行公投，有三分之二加拿大人贊成；但執政的馬丁不欲就此議案，舉行全民公投；因為一旦公投，贊成同性婚姻人士勢必大比數落敗。

近期有七個關於同性婚姻的調查顯示，只有很少數的加拿大人支持同性婚姻。正因加拿大是多族裔的國家，華人移民也不少；大部分人認為由男人和女人結合的婚姻才合乎人倫，這樣的家庭才能為孩子提供健康成長的環境。

全球各地同志爭權運動此起彼落，本港也不例外；筆者預見不久立法會可能先就「性傾向歧視」立法，接著是「同性伴侶法」或「同性婚姻法」，然後是「同性家庭領養子女」等。現時，政府準備「性傾向歧視法」而開展有關民意調查工作；正如賭波合法化手法一樣，「道德真空」的政府與立法會就利用「民意」作為社會也認受同性行為，而要以法例保障「性小眾」的權益。

面對全球各地政府對政策，基督教會的主流立場認為同性伴侶或婚姻的本質，違反聖經的教導，不合倫理。同性結合必使原來的婚姻制度模糊不清，婚姻不單是約定俗成、文化的產品，也有其神聖的尊嚴。

基督教肯定一男一女結合的婚姻是上主設立的，任何與此相違的，教會向公眾説明是歪曲人倫，危害社會與家庭的完整。已有不少本地調查反映，年青一代對同性戀行為的接納程度高於成年人。

在多元社會內，人人均要尊重同性戀者或異性戀者，本港社會對同性戀者的接納，愈來愈高；但這不表示要更改民事婚姻法賦予同性伴侶享有合法夫婦的地位。一旦傳統的法例要被推倒，婚姻要重新定義，同性婚姻合法化的爭取，帶來的是婚姻變質、家庭瓦解和社會分化。社會不給予同志享有合法婚姻地位，不是歧視或限制公民權利，乃是要肯定華人傳統的文化價值。

教會要正視同志運動對社會與教會所帶來的衝擊，教會根本不能置身事外；首當其衝的是教會所辦的學校，必然不能享受任何豁免。牧師可基於宗教自由不主禮同志婚姻，但學校場地不能不租借予同志舉辦活動。教會承辦的社會服務，如婚前輔導，同樣不能排擠同志。「性傾向歧視法」肯定對教會造成甚大的挑戰！

（載於香港教會網站http://www.hkchurch.org；轉載於《時代論壇》網站，二〇〇五年二月十八日。）

香港教會與「性傾向歧視」立法

胡志偉　香港教會更新運動總幹事

維護家庭聯盟於四月二十九日於《明報》刊登了反對就「性傾向歧視」立法的聲明，教會內外就「性傾向歧視」有不少激烈的討論。

立場堅定

本港大多教會對同性戀行為的立場，均按著一向以來聖經對此問題的理解，視之為罪。當然，教會也毋須視異性戀婚外情為「小罪」，而不當地定性同性戀為「大罪」。除非我們強行扭曲聖經，不接受聖經的權威，否則，教會仍維持聖經對同性戀的明確立場。

當教會要清楚表明此立場，必招惹同志團體攻擊，群起而攻之。教會在同志眼中就是「封閉」、「落伍」、「偏見」，因為教會人士不能放下對同性戀行為的否定立場；教會被視為「寬容」與「愛心」就是何時教會視同性戀為正常與健康的，只要教會放棄立場，不在社會內發言，就能和平共存了！

態度溫和

去年十二月香港教會更新運動有份籌辦「重建整全的

心性」聚會，有同志混入聚會，然後透過《南華早報》歪曲講者言論，這是若干同志團體慣用的技術。面對部分同志團體惡意醜化或抹黑的言論，教會人士須要學習不卑不亢，堅定而溫和地表達立場。

部分教會人士對同性戀還未有充分理解與認識（包括筆者在內），就武斷地表達一些與事實不符的「三手資訊」，容易招惹同志團體的還擊。有部分信徒確實對事件發展尚未弄清楚，只因教牧或有團體呼籲反對，就為了反對而反對。只有真理，而失掉了愛心，也有損福音的見證。有教會領袖或基督教群體對同性戀的看法與我有異，我也接納對方為主內，不要採取「獵巫」行動，與對方誓不兩立。同志團體成功地取得社會人士同情，就因為他（她）們包裝為弱者；而教會過分「戰鬥式」作風，可能在媒體中受扭曲而失分。

理性研究

不少教牧容易在堂會內發言，就天下無敵，取得掌聲；但「性傾向歧視」的討論，乃是公眾事務，不是教會內部問題。當教牧進入公共空間討論，就要對問題有全面與深入的了解，不能簡單地說：「聖經反對同性戀，所以我當反對！」

我們要訴諸不同理據，作深入分析，正如昔日反賭波合法化一般，不少信徒不明所反對的因由；如今問題更加複雜。當本港教會仍視「性」為忌諱，不敢在教會內多作教育，缺乏理性的對話，我們根本難以招架同志團體的挑戰！筆者呼籲，教會人士一方面倡導公平對待同性戀者，尊重

「性小眾」的私人生活；另一方面就「性傾向歧視」的立場不作妥協，對話要有理性與溫和。

（載於香港教會網站http://www.hkchurch.org；轉載於《時代論壇》網站，二〇〇五年四月二十九日。）

當教會走入「性傾向歧視」議題

胡志偉　香港教會更新運動總幹事

就本港教會內外熱烈討論有關「性傾向歧視」準備立法，一方面教會敢於表達立場，是值得讚賞的；但另一方面，教會人士須要思考的，是採用哪種語言與公眾溝通？

本港教會內部，大多教牧與信徒理直氣壯批評同性戀行為是聖經所指摘的罪；當然，也有少部分教牧與信徒採用「另類釋經」合理化同性戀行為。但當教會人士要登報聲明，或召開記者會，或接受媒體訪問，我們就不能採用宗教語言，或訴諸宗教典章與權威，乃是採用公眾能夠明白與接受的語言。

不少教會人士過度採用「本位主義」處理公眾空間的同志課題，未必是上好的策略。教會人士須知本港已於一九九〇年通過「肛交非刑事化」，換言之，教會可不認同同性戀行為，但要尊重同志有自由進行他／她們的性生活。在公共空間內，我們要處理的，不再是同性戀行為是否是罪，乃是這些「性小眾」是否與正常人一般受到非一般對待，從而構成「歧視」。假若我們摸不準問題的核心所在，教會人士只會亂投彈藥，甚至幫倒忙，招人話柄，我們表現的姿態正好就是「霸權主義」或「不講理性」的道德人士。

教會人士須要明白我們才是社會的少數，我們最多只有二十萬活躍的信徒；我們身處的是多元社會，而社會的價值觀朝向「工具價值」掩蓋「終極價值」。正因如此，在多元價值的社會之內，公共空間的討論，就是同志在現實的社會中，在就業與居住方面，是否受到歧視？有否同志因表露身分而受到別人虐打或不禮貌對待？教會就要倡導社會人士要尊重同志，保障他／她們若干基本權益不受侵犯。當社會內不存在「性傾向歧視」，自然沒有立法的必要。另一方面，教會人士竭力維護一男一女一夫一妻家庭的完整，讓公眾思考與抉擇：究竟要維護完整健康家庭，或是維護同志的訴求？

筆者看現時的爭論，宜告一段落，教會要鳴金收兵；此場戰役乃是持久戰，教會人士宜多學習，多了解，儲備實力，他日再戰，否則再登廣告，再搞大型聚會，只會虛耗本身資源。教會要走入公共議題，我們是否預備好「長期作戰」，或是湊熱鬧的搞作一番？

（載於香港教會網站http://www.hkchurch.org；轉載於《時代論壇》網站，二〇〇五年六月三日。）

香港教會面對反性傾向歧視立法的策略

戴耀廷　香港大學法律學院副教授

反性傾向歧視與其他有關同性戀的社會討論一樣，是涉及公共政策和法律的制定，也涉及人權和道德的爭議。在面對反性傾向歧視的立法建議，香港教會應採用甚麼策略呢？這涉及七個層面的問題而它們又是相互牽動的：一、定位；二、方向；三、時間；四、目標；五、手段；六、代價；及七、外在和內在的規範。

本文並不嘗試為教會建議一個最好的策略，而是希望能幫助香港教會更全面及長遠地部署如何回應因同性戀所可能引發的社會爭議(包括了反性傾向歧視立法和同性婚姻)。

一、定位

定位是指教會在香港社會制定公共政策和法律的內容和程序時，希望扮演甚麼的角色。教會定位至少可有六個選擇：決定、主導、影響、脫離、對抗及解放。

在作出定位的選擇時，教會也要先掌握香港社會的特質。香港社會並不是一個以基督教價值為主體的社會，而且是相當多元化的。由教會去決定社會政策和法律只有在政教合一的制度下才可以做到。即使在殖民地統治時期，教會在影響力上可能是較大，但還不可以說是主導社會政策和法律。除非教會採納極端的屬靈和屬世二分的理念，那教會也不會採用脫離的定位。香港的社會也不是一個非常不公義的社會，所以教會也不會採用對抗(更遑論解放)的定位。相信大部分教會都是以影響社會政策和法律為定位的。

二、方向

若教會定位於影響社會政策和立法，那關鍵是教會所發揮的影響是否有效。影響的有效性是在於教會能否成功地使社會能長遠地選取教會所希望能達致的方向和目標。教會在影響社會政策和立法時，可以有以下的方向：(1)促使基督教價值成為社會政策和法律的基礎或內容；(2)防止不符合基督教的價值成為社會政策和法律的基礎或內容；(3)促使基督教的價值成為在制定社會政策和法律時的重要考慮；(4)支持一些與基督教價值相符的世俗價值成為社會政策和法律的基礎、內容，或在制定社會政策和法律時的重要考慮；(5)保障教會能繼續自由地奉行基督教的價值。

在涉及同性戀的爭議，教會早年曾以方向(1)來反對肛交非刑事化。在今次反性傾向歧視立法上，教會則主要是根據方向(2)來制定具體策略。在香港民主化或維護法治上，方向(4)似是教會所採的方向。方向(5)則是教會在兩年前反二十三條立法時的方向。在其他反歧視的立法如反殘疾歧視和種族歧視，究竟方向(3)還是方向(4)才是教會的方向，那就視乎反歧視是否可視為基督教價值或只是與基督教價值相符的世俗價值。

三、時間

這裡只是指出在影響社會政策和立法時，教會可能要因應涉及的社會議題而有不同的方向。聖經未必可以籠統地規定只有一種方向是教會在影響任何的社會政策和立法時都應採納的方向。教會所採納的方向也可能因應社會發展的不同時期而會不同。這方向及跟著的目標和手段亦可因應長期、中期和短期的考慮而有轉變。當然定位和方向性的因素通常屬較長期的考慮，目標則屬中期，而手段會有更短的週期。

四、目標

若教會在某一社會議題採納了一種方向，那方向會進而使教會採用相應的目標。但若方向是不同的話，目標就很大可能會不同了。如上所述，教會在反性傾向歧視立法上，主要是根據方向(2)來制定具體目標。在防止不符合基督教的價值成為社會政策和法律的基礎或內容為方向下，教會現在的目標就是阻止立法反性傾向歧視。當然即使是以這為方向，目標仍可以有不同。教會在決定應以甚麼方向來看待反性傾向歧視立法或方向(2)在這社會議題是否最適合的方向，那就要看在方向(2)之下的目標及所採用來達致這目標的手段在代價上是否過大；或是否會受到外在及內在的規範而使目標難以達到。若是的話，教會可能要調校手段或目標，但也有可能要調校方向。但最終還是要看教會的定位。這些因素是相連緊扣互動的。

下面我會分析現在教會在反性傾向歧視立法上所定下的目標及所採取的手段，在計算代價及外在和內在規範下，目標能否能夠達到。如上所述，教會現在主要的目標是阻止立法。這是因為教會相信同性性行為根據基督教的價值是不道德的。反性傾向歧視法律容讓了不符合基督教的價值成為社會政策和法律的基礎或內容，所以要阻止立法禁止性傾向歧視。

五、手段

教會所採取的手段主要是：通過一人一信的方式向政府表達反對立法的立場；並在報紙刊登廣告顯示相當數量的人和團體是反對立法的。

在反對立法時所提出的論據有：同性戀者免受歧視並不是基本人權，而是讓同性戀者得到特別的保護，但卻沒有理據支持他們當受到特別的保護。性傾向只是單憑個人的聲稱，客觀上難以驗證，故易被濫用，導致不必要的訴訟，對不認同同性戀的人造成困擾。不認同同性戀的人在一些生活領域如僱傭和租賃樓宇的自由受到限制。反性傾向歧視的立法預設了同性戀於道德上是正確的，把同性性行為正規化。立法造成滑坡效應，為同性婚姻開路。立法造成骨牌效應，將來也可能制定立法禁止歧視其他性傾向或喜好如孌童和性虐待。不認同同性戀的人提出同性戀是不道德的言論會受到懲罰。學校即使不認同同性戀也要使用贊同同性戀的教材。

六、代價

評估手段在於其成效，而成效不單是看目標是否能最終達致，也要看它所付出的代價是否合符效益和對教會長遠的定位和方向的影響。代價並不單是計算金錢，而是關乎教會內部的團結、教會與社會其他團體的和諧關係和教會在非信徒眼中的形象。更根本的代價是這些因素會否增加教會完成其終極使命的難度。代價實際上會有多大又要視乎外在及內在的規範。

七、外在與內在規範

外在的規範是指教會所處的社會定下了一些在討論公共政策和法律時的普遍規則。任何人(包括了教會)在參與公眾討論時都得遵守，違者就要付出辯論上的代價。這些規則可分為道德性和程序性的。而社會實際上有一些甚麼實質的規則，要視乎這社會所處的狀況。

如上所述，香港是一個多元的世俗化社會。公共政策和立法並不視宗教的論據為有力的理據。這不是說教會不能在討論公共政策和立法時提出宗教的論據，而是這樣的論據並不會有很大的份量。反過來這可能使非信徒抗拒這些宗教論據所要推動的價值。問題不是社會是否應該是這樣，而是社會事實是這樣。教會可能認為這樣的社會是墮落的，但除非教會要改變它的定位，不然若教會要影響社會政策和立法就必須把社會的狀況和這外在的規範計算在內。因此教會在影響社會政策或立法時，要能提出一些非宗教性的論據來支持教會所定下的目標(即使該目標是源自宗教性的價值)。

而程序性的規則是指在提出論據時，這些論據得符合一些社會公認的基本邏輯及證據的要求。超然的宗教論據在討論社會政策和立法時並不能超越這些程序性規則而不需付出代價。

至於內在的規範，是指教會在某一社會議題所提出的論據會否與教會其他的價值存在衝突，或是教會內部對是否出現衝突存在分歧。

針對教會反對立法的手段和提出的論據，我會根據上述外在和內在的規範作出一些初步的評估，看這些手段的代價有多大和是否合符效益。評估的第一步是要掌握香港討論公共政策和立法的外在狀況，及支持立法者最主要的理據。

世俗社會的人權論據

如上所述，香港是一個多元化社會，而香港社會也跟從很多西方社會的發展追求人權保障。人權成為討論社會政策和立法時的皇牌。只要人們能把他們的訴求包裝成涉及人權的訴求，那他們的訴求在世俗的道德天平上就會有很重的份量。支持反性傾向歧視立法的人就是以人權為最重要的理據。人權要求人人(包括了同性戀者)得到平等的對待。人權也要保障人的尊嚴，而性傾向是涉及人的尊嚴的。這人權的訴求簡單易明，也有公民及政治權利國際公約人權委員會的判決為支持，在公眾辯論上已佔得上風。

教會可能認為性傾向不涉及人權而是道德的問題，但問題是社會愈來愈多人認同性傾向與人權是關連的。教會提出性傾向不涉及人權或同性戀者不需要給予特別的保護而提出的論據，在論述上是觸及支持者最根本的論點，若成功的話的確是可以駁斥支持者的說法。但問題是這進路涉及相當複雜的人權理論及政治哲學，在公眾討論上難以用簡單易明的方法申明立場。此外，即使以這進路，在已經世俗化了及高度個人化的現代人權理論和哲學中，也很難成為主流。我不是說教會不應提出這樣的論據，而只是說教會必須明白這論據在公眾討論上的局限。

因為支持者是用人權這種皇牌式的論據，任何較低層次的論據在其之前就都會顯得軟弱無力。如提出反性傾向歧視法會很容易被濫用的論據，就是較低層次的論據。任何人的制度都有可能被濫用，若反性傾向歧視法有可能被濫用，那就只需制定設施防止被濫用。另一理據是反性傾向歧視法會使不認同同性戀的人在一些生活領域(如僱傭和租賃樓宇的自由)受到限制。但由於他們所受到的限制不屬於基本人權的範疇，與支持立法者的人權皇牌一比之下，高下立見。提出這樣的論據可能會適得其反，使人覺得教會沒有充份理由去反對立法。

教會提出「反性傾向立法預設了同性戀於道德上是正確」的論據，在很多人眼中會覺得這實際上是說同性戀並不一定是道德的，甚或是不道德的。但同性戀是否道德(或甚麼是道德)在討論公共政策或立法時是不能建基在單純的宗教觀點上。即使教會沒有明確說出不道德的理據是宗教性的，但若只是提出同性戀是不道德但沒有非宗教性的理據去支持，信服力將不強，這也很容易給人一個印象教會要把宗教的道德觀加諸非信徒身上。

滑坡效應與骨牌效應

在公眾討論上，參與者都要符合一些程序的要求，論據在邏輯關係和證據上都要達到一定的要求。「滑坡效應」

的說法在邏輯上並沒有必然的關係。即使教會引用北美的發展來支持這說法，但也只能提出它的可能性。只具可能性的論據說服力上並不太強。同樣地，「骨牌效應」在邏輯上也是沒有必然的關係。再者，即使教會在提出這論據時已指出不是要把同性戀與孌童和性虐待等同，但一般人沒有太大困難，也不需要用很複雜的理論，就可把同性戀與孌童及性虐待的道德性區分出來。把一個概念推展得太盡，會反過來削弱了本身的論據，給人詞窮理盡的感覺。

這問題在「不認同同性戀的人提出同性戀是不道德的言論會受到懲罰」這論據上就更明顯了。若立論的事實根據出了錯的話，那整個論據就會崩潰。即使引用現在已有的反歧視法中的中傷條款，只有當一個人因另一人的性傾向而藉公開活動煽動對該人的仇恨、嚴重的鄙視或強烈的嘲諷，那才算是違法。若所作出的行為包括威脅對該人的身體或其處所或財產加以損害；或煽動其他人威脅對該人的身體或其處所或財產加以損害，那才會有刑責。單純只是提出「同性戀是不道德」的言論是不會觸犯反性傾向歧視法的。同樣地反性傾向歧視法在適用至學校時，也只會規定學校在收納學生、給予學生獲得或享用學校提供的利益、設施或服務和懲罰及開除學生時，不能因學生的性傾向而有較差的對待。反性傾向歧視法不會迫使學校使用鼓勵同性戀的教材。以這種論據反對立法，使人覺得教會是無限上綱，甚至認為教會不理性。

至於內在的規範所可能產生的代價，教會內部誠然在反性傾向歧視立法的問題上是存在分歧的。反對立法的理據與其他基督教價值如愛、包容、公義等也是存在張力的。

教會將要付出沉重代價

在這裡我仍難以判斷以阻止立法禁止性傾向歧視這目標能否成功。但依據我的評估，即使教會能成功地阻止立法，我認為教會將要付出沉重的代價。教會的公眾形象將會受損。教會在內部及與外間團體的和諧關係也會因而被破壞。長遠而言，這可能會反過來使教會在參與有關性傾向的社會政策和立法，甚至其他涉及道德的社會議題的公眾討論，處於弱勢。若教會真正的戰線是在文化上而非法律上的，那現在教會阻止立法的目標代價可能是太大了。

但從上述的全盤分析，教會還是有其他選擇的。教會在影響社會政策和立法時，方向可以是促使基督教的價值成為在制定社會政策和法律時的重要考慮；或保障教會能繼續自由地奉行基督教的價值。

目標也可以調校為贊成立法，透過積極參與討論立法的實質內容，爭取一些基督教的價值能成為立法時的重要考慮，釐清歧視的定義和反歧視法的適用範圍，使教會(包括教會所辦的學校)能繼續自由地奉行基督教的價值，宣講同性性行為並不道德的宗教信念。理據是教會有信仰的自由。即使在平等這人權原則下，社會也不能以反性傾向歧視法去強制其他人認同同性戀；或禁止人們基於他們由傳統價值或宗教信仰而來的信念，表達他們不認同同性性行為的看法。不然就會反過來損及其他人信仰自由的基本人權。

我重申我並不是認同同性戀的道德的，也不是說教會不應反對制定反性傾向歧視法，而是要提出一個思考框架讓教會能更全面和更長遠地設定一個適切於香港這多元化社會的策略，讓教會參與公眾討論、影響社會政策和立法及完成教會的終極使命。

（載於《時代論壇》第九二六期，二〇〇五年五月二十九日。）

你要甚麼樣的同性戀政策？

黃國棟　美國預防醫療和公共衛生專科醫生

各路英雄又為同性戀者的地位問題在刀來劍往了。只是，反對訂立反性取向歧視法例的人士，其論點主要在強調通過這法案會帶來甚麼負面的後果，例如牧師講道有被人告的可能，或基督教學校不能拒絕僱用同性戀者等。這些觀點未必是錯，但卻都只是整個圖畫的一部分。

以負面後果來反對法案是被動的。我希望在這裡將大家、特別是基督徒的焦點轉移一下，以主動的角度來考慮這問題：如果現在你有全權去制定關於同性戀的法律，你會想要甚麼樣的同性戀政策？

我希望可以列舉出幾個假設來讓你思考一下：

一、你可以説，同性戀是神絕對仇恨的事情，所以同性戀者是罪大惡極的。任何基督徒都可以替天行道，見「Gay」行事，殺一儆百！……

這絕對不是笑話！在美國這種言論十分普遍。幾年前一個同性戀的大學生被人打死，有一個浸信會的牧師就公開的提出這種理論。那些以炸彈炸墮胎診所和槍殺提供墮胎手術醫生的人，也是用這樣的理由來辯護。也正是這些例子替西方國家的反仇恨罪行法（Anti-Hate Crime

Law）提供了最有效的支持。

或者你認為這樣的社會就是「天國降臨在地上」。不過，如果你遇到我，一言不合，「送你上天堂」，然後指你是同性戀者，我只是執行神的律法，結果「死無對證」，這只是中世紀時的「獵巫行動」（Witch Hunt）的翻版而矣，我們願意生活在這樣的社會下嗎？

二、或者你不同意平民可以自己執法，但是卻同意同性戀是「抵死有餘」，於是政府可以將同性戀者處死。這也不是怪論，希特拉時期的德國就這樣做，美國在二百年前也可以處死同性戀者，這也和從前中國和現在一些回教國家可以處死通姦的男女一樣。

三、可能你覺得對同性戀者可以留一條生路，因為他們或者會悔改。但是，政府卻需要將同性性行為訂為非法，並且判以重刑，這樣就可以維持和保護社會的道德。

四、也可能你覺得政府必須保持禁止同性戀的法律，但這只是用來對付極端的案例的。在通常的情況下，政府不會「濫用」這樣的法律。直至二〇〇四年，這還是美國一些州的情況。

第二項到第四項只是程度上的分別，你願意將這樣的權力交給政府嗎？你願意讓警察半夜打破你的門進入你的睡房，看看睡在你旁邊的是同性還是異性嗎？你有心理準備你的商業或政治對手可以容易的找個人指證你是同性戀者，令到你「一身蟻」嗎？（指控某人是同性戀者和指控其他的罪行很不同，是否同性戀是很難有證據來證明或者否認的，在其他的罪行上，證據重要得多。）同性戀的指控和性騷擾相似，以性騷擾來打擊對手早已見怪不怪。以同性戀來對付政敵也不是新聞，還記得東南亞某副總理嗎？可以保證政府不會「濫用」權力嗎？還記得香港《基本法》第二十三條立法的討論嗎？

（如果你說：只要我不犯同性戀這個罪，再嚴的法律也和我無關。你就是連甚麼是人權、政府濫用權力、抹黑對手、司法基本原則等這些觀念也未清楚。）

五、你可以接受同性戀「非刑事化」，就是法律不禁止成人之間互雙同意的同性性行為，但是，卻容許其他的人士針對同性戀者的非暴力行為，例如在工作和居住上歧視他們，和發表反對他們的言論。

問題是，如果一個人的私人生活和他的工作沒有關係的話，這樣的歧視合理嗎？黃繼忠先生的〈性傾向歧視問題的複雜性——論歧視與性傾向歧視〉（編按：收錄於本書頁148至151）已經深入的討論了這一點，我不再在這裡重覆。只有一點想加的，就是很多人用來反對給予同性戀者平等地位的理由——滑坡理論，在這裡對反對平等的人是十分不利的。今天可以反對同性戀、明天也可以反對「不愛國者」、然後是回教徒、離婚人士……，結果就是「逆我者亡」。（這不一定是黃繼忠先生所持的立場。）

六、或者你贊成訂立反性傾向歧視法例，明文將性傾向包括在受保護的範圍之下，讓它和國籍、宗教、性別、種族等有同樣的地位。

但是，沒有法例是完美的。我們不能否認如果有法律保護性傾向，則那些保守派人士所警告的個案就有可能出現。事實上，我肯定會有激進的同性戀者將這些法例推到極端，他們想要的不只是不被歧視，而是要將他們的價值觀強加於社會大眾的上面。我們有可能防止這情況出現嗎？

七、你可以再自由主義一些，認為同性戀者已經被壓迫得太久了，現在社會需要對他們提供一些補償。所以，在工作、讀書等方面都要給他們一些優先，這和美國現在一些優待黑人和墨西哥裔人士的平權法案（Affirmative Action）相似。

八、我可以打賭，如果到了第七項出現的時候，就會有同性戀者出來說：同性戀才是正常或者「高等」，異性戀是不正常或者是「低等」的。

九、再發展下去，會不會有一日，異性戀／異性性行為會變為非法，同性戀才是合法呢？以現在的科學發展來看，無性生殖不是沒有可能的，性行為可能再不需要了？

不用說，這時候，從第七項到第九項，人人都會以做Gay為榮了，到時候，要爭取反性傾向歧視的是異性戀的人士。又有多少人願意見到這樣的社會呢？目前，這些好像只是天荒夜談，但是第七項甚至第八項其實不是沒有可能發生的。文革其實就是這類「變天」心態下所產生的怪物，教授要掃街，交白卷的是英雄。美國有極端的黑人堅持要建立一個「非洲中心」(Afro-centric)的社會。我也見過有支持同性戀的人士堅持説歷史上最偉大的藝術家都是同性戀者！

很明顯，以上的九個假設都有可怕的地方。這些假設有一些是誇張的，目的是刺激一下你的反應。但是，我想指出的，是道德上的取捨並不是黑白分明，而是一個連續的光譜。

我個人相信，我們不能將天國建立在地上，而且因為人是有罪的，所以我們永遠不能有一個完美的答案。我們要考慮的，是在這些假設中，哪一個是我們相對地最可以接受的？如果有基督徒要反對反性傾向歧視法例，則他們需要明確的指出，在第一至第五項這些假設當中，他們的目標是甚麼？如果有人贊成通過這個法例，則在第六至第九項中，他們又可以接受到哪一個階段？

最後，讓我表明我自己的立場：我希望見到的政策是大約是「五點七」至「五點八」。我反對將同性戀刑事化，支持同性戀者在一般的工作和生活(和宗教機構無關)的情況下不被歧視。但是我也絕對支持反對同性戀者的言論自由，和宗教機構有權基於自己的信仰而不接受同性戀者。我也相信如果我們用以上的九個假設來做民意調查，平均一定會在第五項和第六項中間。我們可不可以主動的將我們的精力放在怎樣將法律寫好，而能夠達到這樣的目標上呢？

(載於《時代論壇》第九一八期，二○○五年四月三日。)

第三章 維護與堅持

反對「性傾向歧視條例」立法聯署聲明

維護家庭聯盟

寬容同性戀者≠鼓勵同性性行為

反對歧視同性戀者≠贊成性傾向歧視立法

同志議題仍具高度爭議性

強行立法只會分化社會、添煩添亂

性傾向歧視法與我們生活無關？請看以下實例：

- 一九八九年五月，美國威斯康辛州麥迪遜市有兩婦女不將房間租給一女同志，因此被罰款一千五百美元，還要寫道歉信，和被逼參加同志教授的「覺醒課程」。
- 加拿大多倫多地區一個印刷商Scott Brockie，不肯為同志組織印一些鼓吹同性戀生活方式的材料，在二〇〇〇年二月被罰款五千加幣。
- 二〇〇二年加拿大英屬哥倫比亞省一位模範老師Chris Kempling，在地區報紙批評一些同性戀教材有誤導性。因此，政府設立的British Columbia College of Teachers認為他違反了教師操守，被停職停薪了一個月，最後更吊銷了教師牌照。
- 二〇〇四年六月三十日，瑞典法院判處一名在東岸小鎮的牧師Ake Green入獄一個月，原因是他在講道時冒犯同性戀者，觸犯歧視條例。

我們明白同性戀者的掙扎，我們雖然不認同同性戀的行為及生活模式，但仍呼籲社會主動去關心同性戀者，反對不合理及惡意對待同性戀者。但對於政府正考慮立法禁止「性傾向歧視」，我們深表憂慮。我們認為社會應對性傾向歧視法有更深刻的反思和更全盤的考慮，不能片面重視單方面的人權，也要平衡其他人的權利，並考慮立法對社會的長遠影響。我們基本的立場是：社會應寬容同性戀者，但社會人士亦有反對同性性行為的權利；反對歧視同性戀者，但反對以法律懲罰被視為「歧視」同性戀的人，認為用教育和游説解決這問題更佳。

性傾向歧視法的基本問題

一、「立法保障某指定群體免受歧視」是特殊保護，不是人權。若「受歧視法保護」是人權，那這種保護是每個群體都應同樣享有的，然而並非每個群體都同樣享有這種保護（如被歧視的肥人）。所以，關鍵問題是，應否特別保護同性戀者，多於一般人和其他受反歧視的群體。例如：同性戀者和很多其他群體都可能在就業方面受到歧視，若政府不能提供數據，證明同性戀者的就業情況比其他群體惡劣，也就沒有清晰的理據在就業方面為同性戀群體（而不是其他群體）提供特殊保護。

二、或云：「只要有一個同志受到不公平對待，就要立法禁止。」然而我們認為公平與自由是有張力的，社會中必然存在各種經濟和權力的不平等，要立法禁止所有「不平等」是危險的，因為這會無限擴張政府的權力。

三、性傾向歧視法是用法律懲罰不認同同性戀的人，這導致不少危機：侵害對同性戀持異見的人的權利和良心自由，讓政府的手介入宗教和民間團體的自主領域，甚至造成逆向歧視及道德歧視（參以上例證）。

性傾向歧視法的流弊

一、它預設了同性戀於道德上是正確的，它的生活方式是沒問題的，這種對社會的信息不啻於肯定和鼓吹同性戀行為。一些同志組織的目標、價值觀和所提倡的生活方式，有極高爭議性，如同性婚姻和領養、多元化婚姻、多元性愛（濫交）和性虐待，他們有提倡的自由，但市民亦有不認同的自由。性傾向歧視法剝奪市民表達不認同的自由（如不借地方給那些同志組織），不單侵害良心自由，更是在支持同志運動倡導的性解放和家庭革命，這對香港社會必然產生深遠影響，政府不應貿然表達支持。

二、會為同性婚姻開路，如加拿大同性婚姻的勝利就是因為法庭建基於反歧視概念的判決。無論如何，性傾向歧視法使性傾向「平等」成為官方政策，必然衝擊家庭制度和整體社會。

三、執行將會有很多漏洞，因性傾向只是單憑個人的聲稱，客觀上難以驗證。還有很多灰色地帶會導致不必要的訴訟、社會分化，和增加經商的成本。

四、會衝擊現時學校的價值觀，不認同同性戀的觀點，以及一些不利同性戀生活方式的事實，都會被標籤為「歧視」，老師也難以推行全面的性教育。學校老師現已疲於奔命，性傾向歧視法只會添煩添亂，以法律手段處理教育問題並非良策。

五、會造成骨牌效應，若為同性戀訂立「歧視法」，也原則上沒理由不為其他性傾向或性喜好（亂倫、孌童、獸交、姦屍、性虐〔SM〕、濫交等）制定歧視法。

我們呼籲，社會人士應公平對待同性戀者，民間團體更多支援和關懷同性戀者。然而，為了避免沒充足理據的特殊保護，為了平衡其他人的權利，為了社會的長遠福祉，我們堅決反對「性傾向歧視」立法。

（編按：維護家庭聯盟發起人包括：朱志豪牧師、江耀全院長、何漢榮牧師、吳思源先生、吳振智牧師、李健華牧師、周永健院長、胡志偉牧師、徐步雲先生、徐彼得牧師、徐濟時牧師、張慕皚院長、梁林天慧女士、許朝英社長、陳嘉璐醫生、陳劍雲先生、陳黔開牧師、曾錫華牧師、黃芷芳姑娘、劉國偉先生、蔡志森先生、鄭佑生博士、蕭壽華牧師、羅杰才牧師、羅錫為牧師、關啟文博士、鍾嘉樂牧師。聲明於二〇〇五年四月二十九日刊於《明報》，有約九千八百人及逾三百個團體聯署。）

（載於《時代論壇》第九一八期，二〇〇五年四月三日。）

我們為甚麼發起「反對性傾向歧視立法運動」？——平情地回應瓶情

關啟文　香港浸會大學宗教及哲學系副教授、
香港性文化學會主席

自二〇〇五年初，一班基督徒發起了一個反對性傾向歧視立法運動，我也是發起人之一，其實這運動為時尚短、規模很少，對社會也不見得有很大影響力，但多蒙瓶情君看重，對我們提出很多好的問題，無論他最終的動機是甚麼，他以平和的態度提出問題，我也心平氣和地分享我的看法（編按：瓶情君文章見諸《時代論壇》網站）。瓶情君質疑究竟我們有沒有需要發動這個運動，和我們應否持守堅決反對性傾向歧視法的立場。首先讓我指出，在自由社會中，每個公民都有權利藉著合乎民主遊戲規則的方法，去提倡或反對一些法例和公共政策，這是基本的人權。若其他人不贊同，他們可提出批評，或發動抗衡的運動。（假設有些人不贊成民主派發動爭取雙普選運動，也應尊重他們的參政權利，也不能說他們不和別人對話就不應發起運動。）我一直都尊重同志運動有這個權利，所以我雖然對他們的訴求提出不同的意見，但我從來沒有呼籲他們放棄他們的立場，或勸他們與我們先好好對話，才進行遊說或抗爭。而我們的運動的方法只不過是寫文、發言、寫信、投訴、辦研討會等，我們的意見建基於好幾年的研究和討論，我們從不人身攻擊，從不衝擊同志活動和場所，我看不出在哪裡有違反民主遊戲規則。有些人把我們的運動稱為「反同運動」，我認為這標籤並不恰當，因為我們反對的不是同性戀者本身，而是一條會規管所有不認同同性戀的人的法例。當然，瓶情君有權對我們提出批評，但我認為他所描述的圖畫並不全面，所以在這裡回應一下。

反對性傾向歧視法一方是社會上的弱勢群體

在香港，在同志議題上，最先有堅定立場並以各種社會性和政治性手法爭取目標的是同志運動，我們只是回應的一方。香港教會本來不大關注同性戀課題，假若同志運動不高調爭取制定性傾向歧視法和同性婚姻法，我想絕大多數教會只會偶然在講台上表達反對同性性行為的立場，而不會在社會層面反對同性戀。在公共空間，其實反對同志運動的一方是絕對的弱勢，所以反對一方若不加倍積極組織起來，他們只會繼續被忽略和邊緣化。下面就著幾個層面分析。

政府

我一直有參與立法會的諮詢會和與民政事務局開會，也不斷留意這方面的消息，我認為說政府無意立法是誤導的說法。前幾年政府還是有點抗拒立法，但二〇〇四年底突然公佈性傾向歧視法的諮詢計劃和時間表，那時余志穩（編按：民政事務局副祕書長）甚至說只要反對的不是絕大多數，政府就會展開立法程序，後來與我們會面多次後改了點口風，說得比較保守一點。為何政府有立法意願呢？主要因素有幾方面：

- 這符合國際趨勢，余志穩多次提及香港這樣國際化的都市，似乎是應該有這種反歧視法的；
- 這順應香港的反歧視政策的發展，反歧視政策在法制內已有深厚基礎，現時已立了三條反歧視法，《種族歧視條例》應在不久的未來通過，這好像是一個配套，再加一條性傾向歧視法似乎是順理成章的事；
- 同志運動的游説已開始奏效，余志穩在與我們會面時多次對我們説同性戀是先天、正常和不可改變的，我們提供相反的論據和要求他提出證據，但他沒有具體的支持論點，只是重申他的看法是主流觀點；
- 同志運動的壓力持續不斷，政府也不勝其煩，所以希望立了法滿足了同志運動的訴求，那就不用再受他們煩擾。
- 國際性的人權組織也多次要求香港政府制定性傾向歧視法，政府若立了法就一勞永逸，在國際性會議官員也不用再解釋甚麼。

總結而言，政府根本就不重視反對性傾向歧視法的聲音，去年底開始重提立法時有找同志團體，卻沒有找反對立法的團體，是我們多次主動要求反應意見，政府才願意接見我們。在這樣的情勢下，反對的聲音若不匯聚成較明顯的力量，政府根本就不聽我們的論據，所以發起反對性傾向歧視立法運動是有其必須的。（政府最近的語調較為含糊，説沒有立法時間表，但這是聽到強烈反對聲音後的改變。）

議員

支持立法一方在立法會有不少盟友，有幾位更是旗幟鮮明支持同志運動（如劉慧卿、張超雄、梁國雄），但堅定代表反對立法的市民聲音的議員，在現階段卻一個也沒有！在這種情況下，反對立法的市民只能自求多福，發動民間力量，這樣其實促進了公民參與，認同民主理念的人就算不同意這運動的目標，也不應對這運動加上負面標籤。有時我實在納悶，相當激進的同志運動，和各種有爭議性的政治運動，大家和傳媒都會接受，認為這起碼會促進香港的公民社會的成長。但為何反對性傾向歧視立法運動的正面意義卻輕易被抹煞？就是因為反對同性戀政治不正確？這裡有沒有雙重標準？

傳媒

在這領域裡反對立法一方又是處於明顯的劣勢。主要的英文大報《南華早報》（*SCMP*）支持同志運動的立場是昭然若揭的，我們多次親眼看到同志運動的領袖和《南華早報》的記者結伴而行，去年底我們舉辦一個關心和輔導同性戀者的工作坊，我們活動還未開始，《南華早報》就用社論炮轟我們，後來的報道也充滿扭曲和敵意，指摘「這些對性傾向的輔導是出於無知及煽動歧視」，接著在一篇一月底關於性傾向歧視法的特稿中，一面倒地反映贊成的意見，甚至歪曲教會的立場，說「沒有主流教會——他們代表了大部分基督徒群體——反對性傾向歧視條例的觀念」。那記者其實有訪問一位反對立法的專業人士，但那位專業人士說：記者根本聽不下反對的聲音，他稍微說了一些，那記者就會搶白一番，最後當然也沒有刊登他的意見。這些事件令我們感到不公平，我們去信《南華早報》要求對話，但信件石沉大海，別人根本不將我們這些人放在眼內。我們發動友好寫信給編輯，因為聽聞Letters to Editor一欄是把持公平對話的原則的，然而我們寄去的信大部分被投籃，《南華早報》很選擇性地刊登我們反方的信，而且經常把我們的主要論點刪掉，總體而言，《南華早報》有意無意讓贊成的聲音主導（我們有作統計）。有一次我寫了一封較長的信給《南華早報》編輯，他對我說他不考慮正反的立場，但所有信都不能超過四百字。我把文章刪減了，但言猶在耳，過兩天《南華早報》登了一篇支持同志運動的文章，是超過五百字的！

至於中文傳媒的情況也相仿，《蘋果》和《東方》不用多說，前者傾向同志運動，而兩者都與我們這些「衞道之士」不咬弦。《明報》之前整體而言也是親同志運動的，他們的港聞經常報道同志運動，讓他們的發言人說話。而各版（性教育、副刊專欄、世紀版等）中支持同志運動的立場也是佔主導地位的。我們多次投稿到各報論壇，但絕大部分反對同性戀的文章都不被刊登（近來的報道好像比較平衡及中肯，這是值得肯定的）。我在這裡不作指控，以上的事實只是用來表明我們反方的言論空間其實極之狹窄（偶然我們較能暢所欲言的都是在買回來的篇幅），面對這種無形的封鎖，難道我們盡量突圍，嘗試發出較鮮明和強大的聲音也不對嗎？當然，我們會持守理性、和平的原則，不會強人所難，不會捏造事實，不會無理衝擊他人。

國際大氣候

近年同志運動在全球風起雲湧，取得極大進展，這種國際大氣候很容易令人接受同志運動的訴求，這對我們當然不利。更重要的是，純粹跟隨風氣的決定不一定建基於深思熟慮和理性基礎，不少支持立法的人停留於「平等」、「反歧視」的口號，對我們憂慮的問題從未想過。反對性傾向歧視立法運動不單有鮮明立場，也提出不少屬於公共理性範圍的論據，這些都是大部分香港市民聞所未聞的。就算我們不完全對，但我們若能令更多市民更全面考慮這課題，也是對公民社會的討論的貢獻，讓市民不是跟風地支持立法。我們歡迎任何人用理性、和平的態度回應我們的論點。

人權組織

香港的人權組織(如人權監察和國際特赦組織香港分部)大多支持所謂同志權利，他們的名堂比我們響亮得多，然而他們對人權的關注是選擇性的，宗教自由、良心自由和家庭制度都是「世界人權宣言」的內容(我會另外撰文解釋這點)，可惜的是這些人權在香港卻受到忽略，所以反對性傾向歧視立法運動可對現在的人權運動提出糾偏的意見，也是非常重要的。

反對性傾向歧視立法運動的目標合理嗎？

總結以上分析，國際和香港社會的發展方向對同志運動都較有利，而反對性傾向歧視法的言論空間相當狹窄，香港市民聽到的言論和理據也較偏向一方。若沒有持續的反對性傾向歧視立法運動，我想不到甚麼理由政府不會速戰速決，一勞永逸地解決這問題，也不能確定誰會在立法會維護同性戀異見人士的權利，所以對不認同或有質疑性傾向歧視法的市民而言，反對性傾向歧視立法運動是有逼切性的，不然法例通過了我們再做甚麼也徒然。運動的影響力是需要時間建立的，我們其實起步已遲了，絕沒有過分反應，說這話的人不是不清楚形勢，就是在使用緩兵之計。再者，現在社會對性傾向歧視法的討論還很表面，反對性傾向歧視立法運動會使這討論更豐富，但意見的流通也需要時間，我們若不及早發言，香港社會很可能在不充分明白性傾向歧視法的底蘊和涵義的情況下，就把這法例通過了。

運動的目標不是打壓同性戀者或強加教會的價值於社會，而是認為性傾向歧視法是沒有充足理由的特殊保護，會產生逆向歧視和道德／家庭「革命」(或瓦解)，這其實是以強制的方法把同志運動的價值觀強加於所有人。這並不公平，所以我們反對。(還有很多理據未能在這裡交代。)

有些人質問我們，政府現在還沒有法案，你們在反對甚麼？這說法也是以偏概全，我們也可問，若沒有法案，那同志團體在贊成甚麼？政府透過公共事務論壇和電話調查在諮詢甚麼？事實是，性傾向歧視法的基本意念和內容大家都有個概括的了解。以前胡紅玉等已提交過這類法案，外國的類似法案可作參考，以前幾條反歧視法已為性傾向歧視法提供一個粗略藍本。無論是贊成或反對立法的人都可按照這些資料提出意見，當然有具體文件後大家可針對條文再發表意見，但這階段在公民社會的討論是重要的，可給政府參考，讓草擬法案時可避開一些明顯的問題。很多法例的意念，都是在有具體法案前多年就在社會的討論中醞釀的，這本就是正常不過的。

我們是否不贊成對話？

認為有鮮明立場就不能對話，實在有點奇怪，難道同志運動有鮮明的贊成立場，就不能和我們反方對話？難道民主派有鮮明的支持〇七〇八普選的立場就不可以和北京政府對話？似乎不是，這很視乎雙方的態度。我們低調地關注同性戀運動好幾年了，但甚少同志團體主動要求和我們對話(罵我們的説話倒有一些)。我們有一些對話機會，主要是在外面的論壇。但奇怪的是，有時某些同志領袖拒絕與我或蔡志森對話，有一次某大學團契邀請同志團體參與對談會，其代表表示，若團契找我做另一方代表，他就不會出席。另一個論壇，本來負責人已找了一位同志發言人，但當他表示想找明光社參與，那同志就説：假若如此，他就會退出。

有時我們成功地對話了，經驗又如何呢？我在九七年參與第一次「對談」，但到達會場發現我是以一對十的局面，我的功用就是做「炮灰」，引發熱烈(和激烈)的發言。近年我與邵國華的公開對話有兩次，第一次在港大，那次一對一，比較公平，但主席是偏向邵一方的。第二次在今年二月初在中大舉行，是我一人對三人的局面(主席亦是偏向邵一方的）。但無論如何，大家都還算客氣。

香港性文化學會於二〇〇五年二月二十一日晚舉辦了內部的研習組，我當晚回應了邵國華支持立法的論據，一些同志朋友有來「捧場」，後來筆芯兄寫了數千字對我狠批，我歡迎批評但筆芯的文章充斥誤解，和對我發動人身攻擊，我只慨歎，這令真誠對話的機會失諸交臂。為了彌補這些遺憾，我們於四月二十二日舉辦對談會，已邀請了支持的邵國華和胡露茜發言。

我們和女同盟也試過「對話」，我們推動「一人一信」後，女同盟邀請我們在三月五日出席她們的聚會作「嘉賓」，她們抵達會場時才發覺當天主題是「一人一瘋信」，而且內容是訓話多於對話，大部分時間是胡露茜的發言，後來總算讓我們的代表簡略發言，但她們講不及數句已被打斷，全場陷入混戰，女同性戀者你一言她一語，一切在嘈吵中度過。一位姊妹因吸入過多二手煙而哮喘復發，現在還需治療。或許我們雙方實在存在太多誤解吧，這次的「對話」不算成功。我自己也曾經到過一些支持立法的組織對話，大多數人對我還算客氣，但有一些人總是聽不進我的解釋，只是一直斥責我在歧視同性戀者，和假設我是一個壞心腸的大惡棍，所以諷刺我：「真不明白你為何晚上可以入睡呢！」或許我們雙方實在存在太多誤解吧，這些「對話」不算成功。

總結以上例子，我們不怕理性辯論，也贊成對話，讓我們向這目標邁進吧！但若要成功，雙方都要擺上誠意，向對方多走一步。

（載於《時代論壇》網站，二〇〇五年四月十九日。）

疑慮未消——回應淡化性傾向歧視立法的危機的論調

香港性文化學會

自二〇〇五年初，一班基督徒發起了一個反對制定「性傾向歧視法」(Sexual Orientation Discrimination Ordinance，簡稱SODO)的運動，香港性文化學會是主要發起團體之一，雖然這運動規模很少，但最近在教會界也引發相當大的迴響。當然，這招來支持立法者的批評，有人說我們和教會神經過敏，說我們不了解法例，又說我們逆向歧視的案例誇張失實，所以顯示我們沒有誠信。總而言之，他們千方百計淡化SODO的危機，並為反立法人士製造一個非理性的形象。我們歡迎批評和理性討論，也承認我們在表達方面或有不完全的地方，但認為這些指控基本上不成立，在這裡回應一下(以下回應主要是針對論點而不是個人)。

淡化SODO危機的十大策略

策略一：單單強調制訂SODO的動機是維護同性戀者的平權和保護弱勢群體，而盡量不提這法例是採用懲罰性的手段。

這策略已成功地把反SODO人士標籤為反平權和漠視弱勢群體需要的惡棍。然而考慮訂立任何法例時，良好動機固然重要，但卻絕不足夠，我們還須考慮手段是否合理和合宜，是否有更壞的後果，和對社會有甚麼長遠影響。例如一些支持二十三條的人可能也是出於良好動機（如愛國情懷），但若二十三條的後果惡劣，那仍然不可接受。SODO的爭議性源於它是採用懲罰性手段，會剝奪別人（被判定為「歧視」同性戀者的人）的自由和對他們作出懲罰，在自由社會採取這些手段，必須很強的理據，支持者有舉證的責任。再者，政治是很複雜的，我們不能排除一些提倡二十三條的人的動機並不純正（如鞏固北京政府對香港的操控）。同樣，我們也要思想，一旦制定了SODO，甚麼政治運動是最大得益者呢？當然是同志運動，所以我們不能排除一些提倡SODO的人的動機可能是推動改造社會的同志運動議程。

策略二：假若真的不能不提違反SODO的懲罰，就盡量淡化刑罰的嚴重性，例如說違反SODO只是民事罪行，不是刑事罪，所以不會坐牢（可能加一句：你們想要「食皇家飯」也不是那麼容易），大不了是道歉和罰款。

不坐牢就是小事了嗎？首先，民事法例同樣會對當事人造成巨大的心理威嚇、精神壓力和生活上的干擾。此外，罰款對大多數平民百姓而言並非小事（而且現時的歧視條例的罰款沒有上限），如多倫多地區一個印刷商Scott Brockie，不肯為同志組織印製物品，在二〇〇〇年二月被安大略省的人權委員會罰款五千加幣。他不服而上訴，前後所用的訴訟費接近港幣一百萬！有一位弟兄乾脆說：

「我沒有錢，寧願坐牢好了！」此外，被政府強逼道歉可以是極盡屈辱的事，香港有一位的士司機被控違反《殘疾歧視條例》，他縱然傾家蕩產，也不願道歉，因為他不認為自己有錯，在這個情況下道歉實在損害他的尊嚴。最後，正正由於不是刑事條例，控方舉證的要求沒有那麼嚴格，市民誤墮法網或受法例滋擾的機會也比較大，就算現有的歧視條例有時也可「踩入」相當私人的領域，平機會有一個調解案例，就涉及招請家庭私人補習教師的「性別歧視」。

策略三：強調現時政府沒有立法意圖，和此階段也沒有法例草案，所以反SODO的人是無的放矢。(但很奇怪，轉眼之間他們又會說反方對法例有誤解，並提出他們的「正確理解」。)

我一直有參與立法會的諮詢會和與民政事務局開會，也不斷留意這方面的消息，我認為說政府無意立法是誤導的說法。前幾年政府還是有點抗拒立法，但二〇〇四年底突然公佈SODO的諮詢計劃和時間表，那時民政事務局副祕書長余志穩說：「政府認為須再進行民調，……除非結果顯示絕大多數人例如七、八成人認為毋須更改現行政策，否則當局傾向推出諮詢文件，……有關建議可包括……立法，禁止性傾向歧視。」(〈禁性傾向歧視勢掀激辯〉，《東方日報》，二〇〇四年十二月二十七日。)

有些人質問我們，政府現在還沒有法案，你們在反對甚麼？這說法也是以偏概全，我們也可問，若沒有法案，那同志團體在贊成甚麼？政府透過公共事務論壇和電話調查在諮詢甚麼？事實是，性傾向歧視法的基本意念和內容大家都有個概括的了解。以前胡紅玉等已提交過這類法案，外國的類似法案可作參考，以前幾條反歧視法已為性傾向歧視法提供一個粗略藍本。無論是贊成或反對立法的人都可按照這些資料提出意見，當然有具體文件後大家可針對條文再發表意見，但這階段在公民社會的討論是重要的，可給政府參考，讓草擬法案時可避開一些明顯的問題。很多法例的意念，都是在有具體法案前多年就在社會的討論中醞釀的，這本就是正常不過的。

策略四：強調SODO並不是要規管生活所有範疇，例如家庭生活就不受影響。

這話不錯，然而，SODO除了沒有介入家庭生活和私人談話之外，其他生活重要範疇差不多全受規管。同志運動活躍分子邵國華這樣描述SODO的覆蓋範圍：「性傾向歧視條例……應該保障任何人士免受基於性傾向的歧視、騷擾及***嚴重中傷***，規管政府、公共機構、私人機構及個人，不能在僱傭、教育、提供設施及服務、審批組織會籍、頒授專業資格及廣告宣傳等範疇作出歧視行為。」(邵國華，〈性傾向歧視立法——需要與誤解〉，《思》第九十三期，二〇〇五年一月，頁12。編按：此文收錄於本書頁102至111。)想想：社會生活哪方面不包在以上範圍呢？可見SODO管轄的範圍是相當廣泛的，自由社會的精神是「有限的政府」(Limited State)，應容讓相當大的私人空間，SODO卻在同性戀如此爭議性的課題上以強制手段介入社會生活，實在不能不慎重考慮它的必要性。

策略五：面對有疑慮的聽眾時，選擇性地提SODO的內容，如特別強調同性戀被無理解僱的慘況，盡量不提可能出現較嚴苛的內容，如中傷罪。

事實上，邵國華提倡的SODO包括「嚴重中傷」罪，這在《殘疾歧視條例》可是刑事罪，這樣看來，SODO肯定不會招致牢獄之災的說法也是不確實的。此外，按照《立法禁止種族歧視諮詢文件》的中傷罪（42條），「如因一人的種族……而藉公開活動煽動對該人的仇恨、嚴重的鄙視或強烈的嘲諷」，即屬違法的種族中傷行為。一些官員曾表示種族歧視條例和SODO會最相似，因此SODO也很可能包含在外國被人詬病的煽動性傾向仇恨罪（hate crime [sexual orientation]），即是說只要因一人的性傾向，「藉公開活動煽動對該人的仇恨、嚴重的鄙視或強烈的嘲諷」，即屬性傾向中傷行為，已經違法！國際特赦組織香港分部的Liz Whitelam大力推動SODO，她也贊成這個看法。（"Based on the Hong Kong government's most recently expressed views in the proposed anti-race discrimination consultation document, it is likely to take the more mainstream and acceptable tact - to disallow a person from inciting hatred, contempt or ridicule towards another" [Letters to Editor, *South China Morning Post*, Feb 12, 2005]。〔編者按：此段文字可譯為「基於香港政府最近在反種族歧視諮詢文件中所表達的看法，她可能採取更近主流而可以接受的手腕——煽動對該人的仇恨、鄙視或嘲諷」。〕她認為這不會規限言論自由，正义指出這看法難以成立。）

這不就是以言入罪嗎？支持者經常說SODO不會影響言論自由，似乎不是昧於事實就是避重就輕。根據平機會的工作坊的解釋，「公開活動」包括教會的主日講道和大學／其他機構辦的研討會。根據現時同志運動和政治正確的看法，說同性戀不正常、認為同性戀者可自願接受輔導或指出同性戀者患愛滋病的比率較高，也被視為煽動對同性戀者「的仇恨、嚴重的鄙視或強烈的嘲諷」的言論。例如支持SODO的人說：「其實當我們把非異性戀看成是可以研究的『課題』，研究它的成因究竟是先天還是後天的時候，就已經表明了我們有把非異性戀邊緣化為『是病態的，不正常的』。」(《尊重不同性傾向人士教材套》，由香港婦女基督徒協會和基恩之家製作，民政事務處贊助，一九九九，頁17。)「把同性戀者定義為不道德」已是歧視(同上，頁3)，你若認為同性戀者不宜結婚或不能參加教會事奉，當然也表露了對同性戀者的鄙視。SODO可能把這一切都定性為要禁制的歧視(中傷)，這實在有漠視市民的良心自由之嫌，更遑論尊重不認同同性戀行為的言論自由了。既然崇拜講道也算公開活動，那牧師在講台根據聖經譴責同性戀，的確有可能犯了性傾向中傷罪(最少被控告或調查的機會相當高)。最近有些牧師提到這可能性，支持者眾口一辭說這些牧師神經過敏、不懂法例和有殉道士情意結，如果他們並非不知歧視法裡有中傷罪的存在，那又是甚麼理由呢？

再者，根據多個歧視法藍本和邵國華的建議，SODO也會有性傾向騷擾的罪名，這也是以言入罪。「任何人……如因另一人……的性傾向……而向被騷擾者作出不受歡迎或不為他人接受的行徑(該等行徑包括口頭辱罵或發出表示憎恨被騷擾者的**郵件**)，而在有關情況後，應會預期被騷擾者會因該行徑而受到冒犯、侮辱或威嚇」，在受保障範疇內這也違法。如性傾向中傷罪一樣，這裡的概念和標準都相當含糊，特別在同性戀這樣高爭議性的課題上，不同立場的人的言論是很容易使對方感到冒犯和侮辱的。就算不認同同性戀的人從來沒有侮辱過同性戀者，但只要持續發表反對同志運動的言論，和不利於他們的數據和案例，就會「冒犯」了同志運動活躍分子。民主派對二十三條有很多批評，認為煽動叛國的言論不應入罪，因為這會在很多**可能的情況**危害市民的人權和自由，這些危害無論看起來多麼微小，也不能掉以輕心，因為一旦讓政府的權力介入，情況只會愈演愈烈。（就算要立法，也要指出只有當清晰而即時的危險存在時，才可以規管。）或許我們也可從這思路反思應否禁制反同性戀的言論和行為吧？

支持者也很少提及SODO對教育的直接和間接影響，參考《立法禁止種族歧視諮詢文件》的51條，SODO應「訂明任何教育機構……在錄取或對待學生方面，如基於性傾向作出歧視，即屬違法。」我們絕對認同不能剝奪同性戀者受正規教育的機會，但現在香港的小學、中學和大學都不會審查性傾向，同性戀者有大學學位的比率較一般人更可能有過之而無不及。神學院等教育機構會受到甚麼影響是一個重要課題（不要以為豁免是理所當然的），更重要的是「對待學生」的涵義很廣，很可能牽涉到老師的言論、課程的內容和價值觀。不認同同性戀的觀點，以及一些不利同性戀生活方式的事實，都會被標籤為「歧視」，再難在學校存在。從外國經驗看，這是SODO制定後必然的發展方向。學校老師現已疲於奔命，SODO只會添煩添亂，以法律手段處理教育問題並非良策。這問題很大，要在其他地方詳細處理。此外，SODO也會應用到「提供貨品、設施及服務」的領域上，這裡商業機構和私人組織都會受影響，例如邵國華就認為教會崇拜也是「提供服務」的一種。

策略六：強調SODO不會直接影響婚姻制度，因為它沒有凌駕性。

在香港，以上說法就著SODO的即時效應而言可能是對的，但卻忽略了（或刻意不提）每條法例也會產生連鎖效應和長遠效應。從外國的經驗和長遠的角度看，認為SODO會促進同性婚姻，並破壞現存的婚姻制度，是更合理的說法。首先，要注意每條法例背後都有一種精神或哲學，如《立法禁止種族歧視諮詢文件》的引言說：「香港有需要訂立法例，以防止和對付**一切形式**的種族歧視。」很明顯，將來的種族歧視法不能真的禁制「一切形式」的種族歧視，如態度上或思想上的歧視，但以上的哲學指導著這法例的發展，和揭示哪一種行為和價值觀是法例鼓勵或不鼓勵的。同樣道理，SODO使所謂「性傾向平等」成為官方哲學和政策，如政務科的單張說：「人人應在**生活的各方面**享有平等機會，無分……性傾向」，今天香港的同志運動已在爭取收養權和婚姻權，他們會問：「收養和結婚不是生活很重要的兩方面嗎？SODO的精神不是說我們可在生活各方面享有平等機會嗎？那為何不准我們收養和結婚？」一旦SODO成為**法律**條文，無論它有沒有凌駕性，同志們「合符邏輯」的要求是難以抗拒的。

其實SODO和同性婚姻兩者都屬於同性戀權利（gay

rights)，在法律的討論中和在同志運動的議程中，關係密切。支持兩者的理據都是類同的，就是同性戀者和異性戀者有完全一樣的「權利」，在生活和社會制度方面都不應有任何區別。SODO的影響不單限於裡面的條文，更重要的是標誌著同性戀權利的哲學已包含在法律裡，已有制度上的立足點。在這基礎上爭取同性伴侶或同性婚姻，只是一步之遙。從實際例子上，加拿大多個省的同性婚姻就是建基於反歧視和平等權利的概念，由法庭的判決打開破口(因為還有大多數加拿大人並不接受同性婚姻，國會多次也不能通過同性婚姻法)，這裡有相當直接的關係。美國麻省的法庭支持同性婚姻的論點也是建基於歧視法，其他有SODO那類法例的國家也多有同性婚姻法(如荷蘭)或同性伴侶法(如西班牙、冰島、瑞典、丹麥、法國、芬蘭等)。無論如何，SODO必然會為同性婚姻開路，這也必然會衝擊家庭制度和整體社會，這些發展只是遲早的問題，西班牙快將通過同性婚姻又是另一例證。

策略七：只提SODO的即時效應，但隻字不提它的連鎖效應和長遠效應。

策略六其實是應用策略七的一個特例，總而言之，支持者在推銷SODO時集中談幾條較令人接受的條文，而提到它的後果時則只提條文會產生的即時效應。然而，上面已指出這不是事實的全部，SODO會有連鎖效應，這是指條文不是即時但也相當直接的效應；而SODO的精神慢慢滲透於社會各領域後，就會產生深遠的文化和制度的劇變，這就是長遠效應。

要明白SODO的連鎖效應，不得不提歧視法也包括間接歧視和轉承責任。根據間接歧視的理念，就算我們作出一致的要求，但事實上這會令同性戀者有不利的待遇，也可能違法。其實這概念不甚清晰，也令市民墮入法網的機會增加。而且根據轉承責任的理念，若性傾向歧視發生於某公司，而該公司之前沒有作出預防的措施，那公司也要承擔法律責任。總而言之，個人為了怕惹官非，機構為了免受損失，都會盡量避免作出會被視為性傾向歧視的行為，最好方法就是積極推行「性傾向平等」的政策。這會產生寒蟬效應，任何不認同同性戀的言論、態度和行為都不被鼓勵或被公司禁止。久而久之，不認同同性戀的人會被邊緣化甚或被壓制，這本就是同志運動希望SODO能產生的長遠影響。

策略八：強調只有造成傷害才算違法，所以觸犯SODO不是那麼容易的。

我想這説法是有誤導性的，因為SODO會禁制所有直接的性傾向歧視，而只要你因別人的性傾向，給予他差於你給予其他人的待遇，就會違法，例如不租屋給同性戀者。然而這樣會把「傷害」的意義界定得很廣泛，例如「不提供設施」、「不租屋」也當作傷害，但這些行為不構成身體傷害或財物損失(除非你不用這些設施或不住那屋就會家破人亡)，大多只會產生不便或感情的傷害，若這也算法律應禁止的傷害，那政府就可大量干預市民的自由。例如戀人分手也很「傷」，難道這也要規管！一般自由主義者都強調確保社會不會過分侵害市民自由，傷害原則裡的「傷害」不能理解得太廣：「我們其實應該十分小心去説明甚麼才是真正需要法律和政策去關注的『傷害』範圍……否則就難免有一危險，就是任何『傷害』都可被立法者按照其當時的想法（一己之方便），而給列作要由國家加以控制的行為。」（文思慧，《自由——一個制度層面的探討》，香港：天地，一九九〇，頁110。）事實是，若制定了SODO，很多人雖然從不傷害或毀謗同性戀者，但只要他們基於良心自由或商業理由，對待同性戀者有別於異性戀者，也會被法律懲罰。

策略九：強調性傾向只包括同性戀、異性戀和雙性戀，不包括其他性喜好，所以甚麼「骨牌效應」是子虛烏有的說法。

長遠下去，隨著社會愈來愈「開放」，很難明白為何其他性傾向或性喜好的人（如亂倫者、孌童者）不會託庇於「性傾向平等」的哲學，那時證明他們沒有法定的平等機會的責任，將會加於在任何一方面不認同他們的人。事實上只是在幾年之間，政府已考慮把變性人也放在性傾向歧視法的保護範圍裡，認為「性傾向」的定義不會擴張，只是一廂情願的想法。

策略十：當SODO的問題愈來愈清晰時，支持者會承認有一些憂慮是可理解的，但說最重要是合理地立法，只要法律條文寫得仔細就可解決所有問題。所以，堅持反對的立場是非理性的。支持者更指控反方沒有認真提出合宜立法的方案，或積極建議立法以外解決歧視的辦法。

這些要求有部分不是完全不合理，反對者當然應進一步研究各樣方案，然而將所有責任放在反對一方並不合理。今天不立法，明天還可以（隨著世界大勢這應該愈來愈容易），但立了法後要廢除則難若登天。支持二十三條者當時也說市民是過度憂慮了，只要對建議條文仔細修訂，合理地立法就沒問題了。難道反對二十三條者未曾仔細研究各種方案，沒有立法以外的積極建議，就不可以鮮明地反對立法？其實，「合理地立法」的講法已假設了這法例總體而言有合理性，這對反方而言只是空洞的假定，並沒有説服力。以同樣邏輯，贊成SODO的人也應詳細指出如何立法才可避免SODO的流弊，和積極提出建議去保障同性戀異見人士的人權，在未完全達到這些目標之前，就不應批評「反SODO人士」？

結論

SODO的影響是深遠的，淡化SODO影響的策略縱使出於真誠的動機，也流於短視，也不能排除一些淡化策略主要是用來分化反SODO的人的。當我看這些論調時，總感到有點葉劉淑儀的影子，她那時推銷二十三條時，初期相當順利，因為看起來二十三條問題不大，但後期大家都明白魔鬼就在細節中，於是慢慢發掘二十三條內蘊的危機。然而葉太面對種種質疑時，也經常承諾二十三條不會有這個或那個惡果，更多次說，只要法例制定了後，大家就知道她是對的。當時我心裡狐疑，她為何能作出這些承諾呢？她是終審庭法官嗎？她將來還會在位嗎？幸好市民的眼睛是雪亮的。我希望市民也要仔細思量SODO可能產生的惡果，不要被一些表面的口號誤導了。

（載於《時代論壇》網站，二〇〇五年四月二十七日。）

誰在搶佔道德高地？——回應對「反對性傾向歧視立法運動」的道德批評

香港性文化學會

自二〇〇五年初，一班基督徒發起了一個反對制定「性傾向歧視法」(Sexual Orientation Discrimination Ordinance，簡稱SODO)的運動，這招來支持立法者的批評，有人說我們誇大了法例的影響，這類批評我們在〈疑慮未消——回應淡化性傾向歧視立法的危機的論調〉一文中已作出回應。另一些批評則直接質疑我們的道德人格，我們在這裡回應（以下回應主要是針對論點而不是個人）。

加於反SODO人士的標籤

這段時期，支持立法者把不少帽子扣在我們和鮮明反SODO的教會頭上：

1. 神經質：SODO並非洪水猛獸，但因為教會缺乏理性分析，所以反應過敏。
2. 不寬容：反對SODO就是對同性戀者不寬容。不少人引用伏爾泰的名句譴責我們：「雖然我不贊成閣下的論點，但我誓死捍衛閣下發表言論的權利。」
3. 沒愛心：既然反對SODO是對弱勢性小眾的不寬容，那教會就當然顯得缺乏愛心了。

4. 自我中心：反對SODO的教會只著眼自身的利益，這是自我中心的表現，有違教會應為他人存在(for others)的基本精神。
5. 沒有誠信(integrity)：教會反SODO的根本原因其實只是因為道德上不能接納同性戀，他先有這信念然後再找其他論據「陪跑」。再者，很多逆向歧視的例子都誇張失實。在在都顯示我們沒有誠信，一心求勝，並不求真。
6. 狂妄／狂熱：反SODO的人自以為擁有絕對真理，不肯謙卑與別人對話，儼然自以為上帝，這些都反映基要主義的狂熱心態。

總而言之，按照這些論述，反立法一方是一群非理性且道德人格有缺欠的人。相反，支持SODO一方則理性、溫和、謙卑和有誠信，更用愛心和寬容對待弱勢群體。有道德人格的市民和真正的基督徒應站在哪一方，不是非常明顯嗎？

我們在這裡呼籲所有反立法的弟兄姊妹認真面對以上批評，在神面前反省我們在那些方面有不完全的地方，且盡量以愛心和寬容對待同性戀者和教會內不認同我們的弟兄姊妹。然而，我們仍然認為以上指控基本上不成立，不單有誤導性和誤解，更有雙重標準之嫌。

反SODO＝神經過敏？

這個標籤其實對理性討論沒有大幫助，反對SODO的人提出不少論據，不同意的人直接反駁好了。若反對SODO的論據大致成立，那教會就不是神經過敏，縱然或許有部分人並不完全明白所有論爭，但難道反對二十三條或人大釋法的所有市民都通曉關於二十三條和人大釋法的論爭嗎？也請勿看扁了大部分反對SODO的弟兄姊妹。若批評者只從自己角度看，是難以明白別人的憂慮的。如網上的liberal君說，我們這些人只要拋棄反同性戀的愚蠢行徑，就不用怕SODO了！這種說法就等如葉劉淑儀說：「你們這些反二十三條立法的人，只要拋棄反共的愚蠢行徑，徹底向共產黨投誠，就不用怕二十三條了。」市民對如此說法會有何反應？當然，一直支持同志運動的人是不用怕SODO的，但對不認同同性戀的市民和教會，SODO的威嚇是很實在的，如何能隨便標籤為神經過敏呢？

反SODO＝不寬容＝沒愛心？

這指控反映徹底的誤解，同性戀者現已與他人享有同等的基本人權(如思想自由、言論自由、投票權、進出境自由)，和政府福利(如九年免費教育、綜援)。他們有自由選擇生活方式，與相愛的人同住，政府沒有干預，香港也沒有甚麼反同性戀人士去騷擾他們，一般人亦大多寬容。反對性傾向歧視法的人可不是在提倡立法去禁制甚麼，只是反對政府禁制不認同同性戀的人。其實是支持SODO者不願意寬容不認同同性戀的人，把反對SODO與不寬容等同似乎是顛倒黑白。其實我們深切體會不贊成同性戀行為的人在現代社會日趨邊緣化，只期望保留一點自由、不被法律禁制而已，我們有不寬容誰了？批評者可能混淆了非刑事化與反歧視立法了。

用伏爾泰的名句譴責我們則更是弔詭，我們從不反對同性戀群體的言論自由，從不滋擾或衝擊他們的活動，從不強逼他們在會址擺放我們的傳單，那我們何時有壓制他們表達的自由呢？相反，奉行伏爾泰精神的人也應把他的名言應用到自己身上，雖然他們不認同反對同性戀的人士和教會，但不是也應誓死捍衛反對同性戀的言論和那些教會的生存權嗎？我不詳細討論教會對同性戀者是否有足夠的愛心，在這方面或許教會的確有需要反省和改善的地方，但明白了以上的要點，就當知道有沒有愛心不能與反SODO扯上必然關係。

逆向歧視的存在千真萬確

我們印製了《性傾向歧視法的不寬容——逆向歧視的真實例子》的小冊，大量派發，不少人都質疑我們有誤導他人之嫌，且用案例挑動別人的恐慌，手法既無誠信也並不光彩。這裡存在不少誤解，我們在這裡澄清一下。

首先，談談瑞典牧師的案例，我們的小冊這樣說：「二○○四年六月三十日，瑞典法院判處一名在東岸小鎮的牧師Ake Green入獄一個月，原因是他在講道時冒犯同性戀者，觸犯歧視條例。」批評者說我們基本資料都搞錯了，因為Green所觸犯的是煽動仇恨條例，而不是SODO。我們要指出，歧視條例的概念其實可以較廣詮釋，概指這類型的法例，煽動仇恨條例事實上是禁止某種形式的歧視，可說是歧視條例的一種。例如《消除一切形式種族歧視國際公約》第四條丑項説，「應宣告……宣傳活動的提倡與煽動種族歧視者，概為非法。」批評者假設了歧視條例和煽動仇恨條例是非此則彼的兩碼子事，這假設是不對的，特別在香港，類似煽動仇恨罪的理念已包含在歧視法的概念內，如

《殘疾歧視條例》和《種族歧視條例》諮詢文件的中傷罪。

此外，批評者說這位瑞典牧師沒有坐牢，因為已得平反。然而我們在這些事情上都沒有弄錯，我們說的是「二〇〇四年六月三十日，瑞典法院判處一名在東岸小鎮的牧師Ake Green入獄一個月」，法院的確在當天如此判決，我們如實報道，並沒有說牧師實際上有坐牢還是沒有。我們出版小冊的時間是二〇〇五年初，在剛出版之前我們收到牧師上訴得直的消息，已馬上在小冊加上這小段：「上訴庭為這位瑞典牧師平反判罪，但經歷大半年折騰，他的工作和生活肯定已受影響，且還不知終審庭會有何判決。總而言之，歧視法例對這牧師的傷害已是不可改變的事實，對別人的威嚇當然還是存在。」事實上，政府還會繼續控告他，這個案例的精義是SODO的中傷罪可能會造成傷害，就算牧師最後被判無罪，我們的基本論點仍然成立：就是這等中傷罪好像二十三條是我們頭上的一把刀，對市民造成威嚇。何況Green的前路還未可知。

另外，看加拿大印刷商Scott Brockie的案例，我們的小冊說他「不肯為同志組織印一些鼓吹同性戀生活方式的材料，在二〇〇〇年二月被安大略省的人權委員會罰款五千加幣。」批評者指出他不肯印的只是那同志組織的一般文書文件，而並非「鼓吹同性戀生活方式的材料」，我們謝謝批評者的指正，並為我們這無心之失鄭重致歉，我們會在增訂版中作出修正。然而，這個小錯誤在整個案例中是無關宏旨的，我們只要調動幾個字，說法就完全正確：他「不肯為一些鼓吹同性戀生活方式的同志組織印材料，在二〇〇〇年……」無論如何，我們的評論完全不用改動：

「當事人只是不接生意而已，只有自己損失，沒有傷害他人，為何要被罰巨款？同志組織其實要找其他廠商一點也不困難，為何死纏爛打，還要提出控告，這樣有尊重別人接不接生意的權利嗎？為何歧視法可容讓這樣霸道的行為，還提供法律的支持？」事實上Brockie並不服氣，繼續上訴，前後所用的訴訟費接近港幣一百萬。只是不為同志組織印物品，就弄到傾家蕩產，和身心靈飽受困擾，這樣對當事人造成傷害，公平嗎？我們能不起惻隱之心嗎？這不是逆向歧視是甚麼？不要忘記，Brockie現在正在受苦，不是因為他對同志做出任何侵略性行為，只是因為SODO的存在，難道這樣的法例不是惡法嗎？

另一受爭議的案例有關加拿大卑斯省一位老師Chris Kempling，他在地區報紙批評一些同性戀教材有誤導性。因此，政府設立的British Columbia College of Teachers認為他違反了教師操守，最後吊銷了他的教師牌照。有些人說這與言論自由無關，只是專業資格的問題，但若在香港，一老師批評學校「愛國教育」的課程，因而被教育署取消教師資格，我們會認為與言論自由無關嗎？為何Kempling作為老師連發表意見批評同性戀也不成呢？（請注意，他不是針對同性戀學生，他只是批評教材。）因為加拿大有性傾向歧視法，卑斯省把這應用到教育領域，將「不認同同性戀」也定性為「性傾向歧視」。我最近與他通電郵，希望在我五月到溫哥華時與他會面，得知他後來找了一份輔導的工作，但最近由於寫了一篇維護家庭的文章，再次被停職三個月，所以現在全無收入，又要支付龐大的訴訟費用，所以環境極為艱難，連開車到溫哥華也不可能！我聽後不禁唏噓，他又傷害過誰呢？只是因為不贊成同性戀，就要承受這樣的逼迫？基督徒不應關心嗎？

誓死否定逆向歧視存在的人，是否根本就把Ake Green、Scott Brockie和Chris Kempling當作不屑一顧的他者（因為他們反對同性戀），而忘記了他們是正在受苦、有血有肉和有面孔的弟兄？

教會反SODO＝維護自己權益＝自我中心？

這樣的指控也是莫明其妙的，難道政治異見分子維護自己權益也是自我中心？同志團體也是如此，為何批評者不說同志運動維護自己權益也是自我中心呢？宗教自由和良心自由根本就是人權（《世界人權宣言》18條），因此教會自主也是很重要的人權，和其他結社自由也不可分割。教會維護這些人權有甚麼不對？這其實應該是所有關心人權的人（包括教會以外的人）都應支持的。

再者，教會其實是一個群體，難道會友擔心他們的牧師會被控訴，基督徒不願意見到做老師的弟兄姊妹解僱，或做生意的權利無理被剝奪，都是自我中心的表現嗎？當我們見到Chris Kempling和Scott Brockie這樣好的弟兄受到逼迫，實在感到悲哀和義憤填胸。James Dobson因為敢於站出來抗衡同志運動，甚至曾受到死亡威嚇，我們看到他所受的待遇，也感到痛心。我們反對SODO，就是不希望這種不公義的情況在香港發生，不願意敢於對同志運動說不的人都只能有悲慘的下場，這都是自我中心嗎？我們維護家庭，為的也是要盡愛鄰舍的責任，因為我們深信家庭制度瓦解，最後所有人都會受傷，特別是孩子，基督徒關心這些問題又是自我中心嗎？（何況維護家庭其實也是人權，《世界人權宣言》第十六條說：「家庭是天然的和基本的社會單元，並應受社會和國家的保護。」）

我明白支持SODO者對以上的話未必聽得入耳，因為他們深受「弱勢群體的兩個凡是」影響，即是說：一、**凡是**弱勢群體的訴求都應支持；二、**凡是**弱勢群體的行動都不應批評，因為批評他們就等於是傷害他們，就一定沒有憐憫和愛心；更要命的是不支持他們已可構成傷害弱勢群體的罪名！我對這「兩個凡是」不敢苟同，弱勢群體值得同情，但他們的訴求不一定合理，特別有一些會影響其他人和整體社會的訴求，其他人也有權表達不同意吧？

我們都不是上帝！

不少人提醒我們不是上帝，要求我們謙卑，叫我們不要自以為擁有絕對真理…… 我們只能說「阿門」，然而也有點啼笑皆非，這與SODO的論爭何干呢？反對立法一方當然不是上帝，但難道贊成一方是？人權組織和同志運動就不用謙卑，他們不是也持守另一些絕對真理嗎？假若提問者背後有一種心理，認為以關懷弱勢群體為名的人就能代表上帝的聲音，這也是另類的狂妄，在SODO這樣複雜的問題上，贊成和反對立法雙方都應小心立論，誠懇對話，不斷反省自己的盲點。

願真理興盛，我們衰微！

我們香港性文化學會一班弟兄姊妹為這個課題，這幾年付出不少時間精力，特別在這幾個月可說是把工餘的時間都投身在關注SODO的工作上，我們患上嚴重渴睡症，有時身體不適，精神更承受很大壓力……我們為的是甚麼呢？

有人質疑我們所做的是「為了求真還是求勝？」聽到這樣對我們動機的質疑，我們感到非常痛心。我們若不是認為SODO缺乏充足理據、會產生逆向歧視，若不是認為今天同志運動的訴求並不合理和對社會帶來傷害，那我們又何必淌這趟渾水呢？我們有自虐狂嗎？我們能求甚麼勝呢？SODO不成立，我們不會得到任何利益。我們也不敵視任何人，不是為了求戰勝敵人而心裡愉快。假若一切事情符合真理和公義，我們樂於竭下來，就讓我們衰微好了！然而今天有人大力推動SODO這條惡法，那我們雖然勢孤力弱，也只好為真理和信念竭盡綿力！

（載於《時代論壇》網站，二〇〇五年四月二十七日。）

「政治矯枉過正」的反性傾向歧視立法

吳宗文　中國基督教播道會港福堂主任牧師

推動異常性取向合法化、保護化及排他化的人，通常會訴諸聯合國《人權宣言》，並認為世界正邁向自由多元，因此絕大多數人持守的傳統價值，必須向少數前衛意識的人讓路。基督徒聯同世界沉默的大多數，反對這種「政治矯枉過正」(Political Correctness) 的做法。

歐美式人權、民主及自由思想的實踐方式，所產生的問題和垢病，在西方學界已引起很多批評，何況以拾人牙慧方式，強加於具有傳統華人文化價值的香港，怎不引起各界非議？施政、立法及輿論者，不可不引以為戒。前一陣子，民政事務局余志穩先生聲稱：支持「同性戀是天生」的學說是主流意見。我想，余先生肯定是缺乏常識，才會作出如此判斷。甚麼是「主流」？若然沒有四分三，至少也有三分二，才可稱為「主流」。然而，我實在看不見西方學者的討論中，有符合他所宣稱的現象。贊同社會認可有異常性取向的人，很容易會辯稱——孌童癖、同性戀、性變態、性虐待、戀物癖及人獸交等——都是性的不同表達方式(這是香港大學某教授的觀點)，社會理應接納，因為他們的行為取向是天生如此或遺傳而來，是「曲」不能變「直」的。鼓吹者希望以生物性 (biological) 理由來作開脱，但年初美國醫學界經仔細研究後，發表報告說：他們找不到一對基因，可被稱為同性戀基因。

退一百步，縱使這種異常性取向，確是源自與生俱來的基因失調或分泌不均，但是否因此，這種行為便可以在法律和道德領域上被接納呢？若然，人權組織便該考慮將通姦、賣淫、亂倫、自殺、賭博、酗酒及吸毒等背反社會規範的行為，都納入非歧視的類別了。因為他們同樣可辯稱，他們的行為是由一種不能自控的本能衝動所驅使；而且，這是一個成年人，在不傷害別人或雙方同意情況下的自願選擇。試想，在幼稚園否決一個孌童癖的人任職，是合理還是歧視呢？試問，有一個慣性強姦犯，在沒有監管情況下成為你的鄰居，你喜歡嗎？假設，港大有關部門要從事一項性事研究，卻聘請了一個有異常性取向的調查員，常色迷迷地望著調查對象詢問問題，你認為這項研究能成功地進行嗎？

我們對現行的反歧視條例提案完全沒有理解錯誤。我們不會天真地以為這法案真的只在「職場」(Workplace)、「教育」(Education)及「服務」(Service)範圍禁制歧視。其實這法案引申的涵義，是超乎鼓吹者或贊成者所能想像。基於歐美的經驗，我們明白這條法案背後預設理念的混淆，也明白倡議者希圖含糊地將「性取向」夾雜在其他與生俱來的權利行列中，然後瞞天過海地通過。尤有進者，這法案猶如一把刀，刀背是保護所謂受歧視的人，但刀鋒卻是直指社會大多數未能認同這種想法的人。若然這裡的所謂「歧視」是指道德範疇內異議而產生的輿論張力，那麼便需要通過教育和對話方式來尋求共識與緩和，不是在社會闡論仍有大分歧的時刻，強行立法，建立一堵道德的「柏林圍牆」。這樣只會帶來社會的不穩定與不和諧。

我們基督徒不歧視宗教信仰或道德價值與我們不同的人，也不願將自己的想法強加於別人身上。不過，教會某程度上作為社會的一個「輿論」群體，我們有責任在一條新法律被通過之先，從我們的觀點，代表社會上很多有相同見解的人，表達這條法律引申的道德涵義和隱含的社會危機；並且陳明條例草案若被通過後，對婚姻、家庭及個人核心價值所帶來預見的衝擊。

（英譯撮要原載於《南華早報》；蒙作者允准載於《時代論壇》第九一六期，二〇〇五年三月二十日。）

反對「性傾向歧視條例」立法

蘇穎智　中國基督教播道會恩福堂主任牧師

主內親愛的弟兄姊妹平安：

一如「賭波合法化」通過立法的手法一樣，先是片面諮詢、局部民意、低調進行，但卻由贊成的人推波助瀾提供一面倒的資料，跟著由一群只為爭取選票，不想得罪任何人的議員大多數票數通過，跟著便既成定局，無法回頭。

「性傾向歧視條例」實際上是「製造同性戀者成為特權階級」，政府公共事務論壇諮詢不知不覺中，在四月二十日便完結（編按：結果見本書頁8）。接著四至七月，則用電話抽樣訪問二千市民作問卷調查，問卷內容只由政府委任三位人士（其中兩位曾表示贊成立法）擬訂，而七月底便會公佈結果，若少於一半人反對，政府很大可能進行立法程序，推出諮詢文件及草擬法案，提交立法會立法通過。（編按：據民政事務局提供的資料，上述問卷由該局所委託的顧問研究公司設計，由三位諮詢人士提供意見；結果於下半年內公佈。該局表示在就性傾向歧視立法這課題上未有既定立場和時間表。）

以西結書三章17至21節說，若我們見到惡人犯罪或義人犯罪，你不出聲儆告、提醒、挽回，當審判之時他們滅亡，我們亦會有罪。

同性戀者在成功爭取到非刑事化之後，繼續促政府進行第二波「性傾向歧視條例」立法，其實這立法是「製造同性戀者成為特權階級」之立法，他們不獨自己要這樣行，不准人批評他們的行為，且要人認同他們所行是對，是要受特殊保護與保障的：

一、任何人(包括教會、福音機構)不聘任同性戀者均會惹官司。

二、任何人(包括牧師、傳道)表達婚姻是一男一女，一夫一妻都可能被視為歧視同性戀而被檢控。

三、任何人傳講同性戀是罪均可能被控告甚至入獄。

四、任何人不租、不續租地方予同性戀者會被檢控。

五、任何人辭退同性戀者會被檢控。

六、任何人表達同性戀是歪風，是不道德的亦會被控。

七、同性戀者可公開宣揚他們的「教義」，他們的性觀。

八、有關家庭、婚姻等之定義，教科書將要修改。

九、下一代之道德觀將每況愈下。

十、愛滋病必增。

十一、出生率必下降。

十二、同性戀者變為特權階級。

上述警告絕不是「天方夜譚」，乃是屢次在美、加、歐洲發生的事實。

我們若現時不表態，屆時必後悔莫及(如瑞典、加拿大無數有道德感市民，信徒一樣)。我們可以怎樣表態？

一、我們將會與眾教會聯合刊報，表明立場。這些錢及姓名將會交到明光社，一起在四月二十九日刊報登出。

二 、寫信反對「性傾向歧視條例」立法〔請參附件，選擇其中一些內容寫信。然後一式三信，分別寄到下列地址。（參附註）〕。

我盼望弟兄姊妹雙管齊下，使社會人士能聽聽我們的良知！

主的家奴

蘇穎智

二〇〇五年四月十二日

附註：

曾蔭權先生
署理行政長官
行政長官辦公室
香港中環下亞厘畢道政府合署中座5樓

鄧爾邦先生
平等機會委員會主席
香港灣仔港灣道1號會展廣場辦公大樓20樓

何志平局長
民政事務局
香港灣仔軒尼詩道130號修頓中心31字樓

附件：反對「性傾向歧視條例」立法

我不是歧視同性戀者，我關心他們，但我反對「性傾向歧視條例」立法，因為：

一、這立法根本不是「性傾向歧視」的立法，乃是「製造性傾向特權階級」立法，他們爭取的，是比一般市民更多的特權。

二、現時香港已世風日下，立法會更助長歪風。因「同性戀」並不是「喜歡與同性交友」那麼簡單，乃是指「與同性的發展如夫妻般的關係，包括性行為」。

三、在婚姻以外的性行為，無論是同性、異性，都是不道德、不負責任，是錯的。

四、立法是向市民傳遞一錯誤信息，同性戀是好的，是值得保護、值得推崇的，所以要受到特別的保護。另一錯誤信息，是同性戀者是一群無法保護自己的弱勢社群。其實他們的能力、智商與一般人無異。

五、立法勢必助長更多人逃避「一男一女，一夫一妻」結合，組織家庭生兒育女的責任。現時香港出生率已一直下降，將來會更嚴重。

六、立法令市民表達對同性戀之看法的自由也失去，美、加、歐洲已有先例，同性戀者批評傳統家庭及婚姻並不受約束，但市民批評同性戀則受到檢控，這是絕不公平的。

七、立法令同性戀者成特權階級，將來不聘他們的公司、解僱他們的公司、不租地方給他們的公司、不續租地方給他們的公司……全有可能被檢控，這些現象在美、加、歐洲已屢見不鮮。普通市民享受不到這些權利，他們卻可以，這是不公平的。

八、立法勢必助長肛交風氣，肯定助長愛滋病之蔓延及增加。肛門皮會較薄，易受損，細菌遠較為多，病毒肯定較易傳播。

九、立法令相信聖經之市民連讀有關同性戀之經文的權利也受到剝削及威脅，加拿大已有市民因此被控，而聖經竟被指為「煽動仇恨的刊物」。

十、立法令傳道人宣講有關同性戀方面之聖經的權利受到威脅，瑞典有牧師因而被控入獄。

十一、立法令願意回轉，過正常生活之同性戀者放棄過新生之意願。我們過去幫助了不少活在痛苦之中之同性戀者回復正常生活，且結婚及享受溫馨一男一女婚姻生活。同性戀是後天，是可以改變的，性行為是可以節制且需要節制的。

十二、立法將會教壞下一代，使他們更縱慾。將來學校的教科書會修改，會教導同性戀的道德觀、婚姻觀，作為家長我們絕不能接受。

十三、將來男扮女，女扮男，易服生活，亦可通行無阻。

十四、立法將令我們這些納稅人的錢愈來愈多地用於我們反對的用途上——少數特權者去控訴正常、有道德勇氣市民的訴訟上。

上述內容，請弟兄姊妹作參考，並選擇其中一些論點，親自寫信及在信內寫上回郵地址，交回教會以便收集起來，一併交民政事務局、特首辦事處及平等機會委員會。

主的家奴

蘇穎智

二○○五年四月十二日

（載於《時代論壇》第九二一期，二○○五年四月二十四日。）

自由多元社會的道德底線——基督教社會倫理與反性傾向歧視立法(原文)

羅秉祥 香港浸會大學宗教及哲學系主任

1. 對同性戀行為的評價

1.1 同性戀行為是一種罪行，基督徒應該反對。

1.2 人類罪行還有很多，一個同性戀者的罪，並不必然比一個異性戀者多。異性戀者切忌自以為義，看到同性戀者眼中有刺，卻不覺自己眼中有樑木。

1.3 撇開濫交縱慾、孌童癖等因素(有些異性戀者也犯這些罪行)，同性戀傾向本身成因複雜，是一種缺陷、失調。基督徒除了表達反對之外，與其憤慨，不如同情；對事要立場堅定，對人則態度悲憫。

1.4 當今社會的發展趨勢是多元文化。但是多元文化的一種極端詮釋是道德相對主義，認為對不傷害他人的生活方式要中止價值判斷，百無禁忌，且要彼此欣賞。我反對這個鮮花與牛糞都審美價值等同，有性無愛與性愛相融都道德價值一樣的極端文化多元主義。

2. 基督教社會倫理的限制

2.1 聖經與當代社會倫理

2.1.1 當代社會倫理議題不能直接把聖經章節套用上去。舊約聖經中全以色列民都信耶和華；耶和華的誡命、律例、典章，皆適用於全社會。現今香港社會，基督徒只佔極少數，無法要求全香港致力成為敬畏神、基督教化的社會。

2.1.2 就群體生活而言，新約聖經大都討論教會的事，而少談社會事務。因為教會是神的子民、是基督的身體，所以新約聖經對教會群體生活有極嚴格道德要求。但對於這個恨教會的「世界」(約十五：19，十七：14)、這個「彎曲悖謬的世代」(腓二：15)，新約聖經很少具體指出各種社會秩序該如何安排。

2.1.3 在社會倫理議題中應用聖經，要多考慮聖經中一般性的道德原則，而不只是聖經中的具體道德教訓，特別是那些人同此心、心同此理、放之四海而皆準、「他們是非之心同作見證」(羅二：15)的道德公理或全球倫理。

2.2 入世聖徒不能暢所欲言

2.2.1 在當代社會講「社關」，教會所關懷的並不只是個別市民，而是整個公共社會秩序，包括公共政策、法律、社會制度等。然而，當代社會卻在信仰及價值觀上嚴重多元，因此教會必須以道德理性游説公眾，而不是以引用聖經為道德理據。(參《黑白分明》頁236-237；《認識應用教義學》頁25-33。)

2.2.2 只以理性為依據有嚴重限制；沒有一個世界觀為歸依，空洞的道德理性只會認同一些大原則(如人權、正義、平等、仁愛)，一些所謂「底線倫理」，而在具體道德價值方面顯得貧乏，甚至會隨波逐流。因此，在多元社會的公共事務論壇中，所能引用的價值標準一定會低於基督教的標準（也會低於佛教、伊斯蘭教及其他宗教的標準）。

2.2.3 入世聖徒必須承受一個痛苦，有些個人道德及信徒群體道德所不允許的行為，在法律上卻只能允許。由於道德理性的限制，我們沒有辦法去說服別人為何某些事應受法律所禁止（如墮胎、賭波）。

3. 社會倫理議題一：同性戀非刑事化

3.1 相干的基督教社會倫理原則

3.1.1 長話短說，我認為基督教社會倫理贊成「人民免於暴政的自由」原則，法律上應容許人民更多個人自由，反對政府干預人民私生活，用法律手段約束市民私德，免致政府權力過大，成為暴政。（參《自由社會的道德底線》第5章。）

3.1.2 另一個基督教社會倫理原則是「兩害相權，寧擇其輕」。基督徒選擇不遁世，作入世聖徒，參與這個墮落世界的社會生活，便需有勇氣在兩難時選擇次惡。（參《生死男女》頁219-221；《壞鬼神學》頁219-221。）

3.2 這兩個原則的應用

3.2.1 把肛交刑事化（把同性戀行為列為刑事罪行），若要執法，必嚴重侵犯市民隱私，賦予政府過大權力，成為專制社會的溫床。同性戀行為雖然不良，gay風不可長，但若成為刑事罪行，對整體社會來說，可謂得不償失。

3.2.2 因此，根據「人民免於暴政的自由」及「兩害擇其輕」這兩個原則，基督徒應難過遺憾地支持同性戀非刑事化。

3.3 自由社會中法律與道德的關係

3.3.1 法律所針對的敗德行為主要是公德，在私德方面只作最低要求。因此，有不少私德惡行在自由社會不受法律制裁。

3.3.2 可是，合法並不等同合符道德；受法律容忍(tolerance)的罪惡並不等同得到道德認可(endorsement)。在香港，通姦、包二奶及個體戶式的賣淫嫖妓都合法(在大陸則不然)，但市民並沒有因此得到錯誤信息，以為通姦、包二奶及賣淫嫖妓都是好事，值得法律保護。

3.3.3 同理，香港法律並不禁止同性戀行為，並不必然等於宣告同性戀跟異性戀一樣正常。和通姦、包二奶、賣淫嫖妓一樣，同性戀行為屬受法律容忍的罪惡(tolerated vice)。有人對此有錯誤解讀，把這些不道德的性行為美化，基督徒應堅持正確解讀，教育公眾及下一代。

4. 社會倫理議題二：同性戀者的平等機會與歧視

4.1 多元社會和平共存原則

4.1.1 當今社會的趨勢是在某些道德議題上，有多元及甚至互相排斥的價值觀，彼此是其所非，非其所是。

4.1.2 解決辦法之一，是任由各方立場的人用政治力量持續鬥爭，勝者為王，敗者為寇；勝利一方以自己的價值觀加於全社會，阻止價值觀多元化。這個解決辦法是最糟糕的，因為以力壓人，敗方會不服氣，致力捲土重來，反逼迫對方，於是社會便會陷於長期分化敵對狀態。歐洲以前的宗教迫害及戰爭，中國不久前的文革，都值得引以為鑑。

4.1.3 解決辦法之二，是弱勢社群拒絕融入價值多元大社會，如美國的Amish基督徒自己聚居，世世代代保存自己的生活方式和文化，與世幾乎隔絕，與主流文化分居。這個解決方式是井水不犯河水，希望河水也不犯井水。歸隱田園雖可自保(保住堅持自己價值觀的自由，不受壓力)，但所付出的代價是對整個社會也沒有任何影響。

4.1.4 解決辦法之三，是為了整體社會和平共存，忍痛接受寬容原則。在文化多元社會，透過法律來推行的全社會共同道德，不能以任何某一特定群體價值觀為依歸，強制異見群體遵守。在法律上，政府不該偏袒某一特定價值體系，封殺他者的生存空間(除非涉及整個社會重大利益及前途)。

4.2 寬容原則

4.2.1 "Toleration is intentionally allowing, or refraining from perventing, actions which one dislikes or believes to be morally wrong."(Susan Mendus)(編者按：此段文字可譯為「寬容意指蓄意容讓或刻意不禁止一些有人不喜歡或信為道德錯誤的行為。」)

4.2.2 按此寬容原則，任何特定價值群體不應借政府力量去取締消滅道德異己分子，也不可借政府力量去保障自己的價值觀神聖不受挑戰。在民間，這些價值觀相互排斥的群體只可透過理性辯論來游說別人支持。在寬容社會，不單百花齊放，而且還要百鳥爭鳴；前者只是各自表述，互相欣賞，後者則容許文明方式的爭辯，爭辯誰是誰非。政府的角色如球賽中的球證，監察爭辯雙方守規矩(只用言論思想爭辯)，不犯規(騷擾對方生活、恐嚇威脅，甚至暴力襲擊等)。

4.2.3 按此寬容原則，異性戀者及同性戀者皆可有法律自由，提倡及活出自己的性價值觀及理性批判對方的性價值觀，但只能止於言。寬容，一定是不好受的，因為要忍受別人的批評和譴責；可是，為了整體社會和平共存，這個代價是必須的。

4.2.4 當代同性戀運動對基督教的挑戰及衝擊，好比是新的異教徒對基督教的指摘、衝擊和決鬥(如衝擊天主教座堂)。在舊約聖經時代的社會，對蓄意挑戰耶和華神的異教徒是要採用消滅政策；十字軍東征也有這種心態(參電影《天國驕雄》〔*The Kingdom of Heaven*〕)。但在當代社會，若接受多元社會和平共存原則，便要來一個腦筋大轉彎，基督徒要學習與激烈的異教徒和平共處。

4.2.5 多元社會的寬容政策有沒有底線？(一夫一妻制婚姻是否這底線之一？)這是另一個需要討論的重大政治哲學問題，在此暫不能深談。

4.3 同舟共濟原則

4.3.1 一個社會的生存、發展、和諧，有賴於社會各成員的群體意識。既然同坐一條船，不但要和平共存，免致因鬥爭而翻船，還要同舟共濟。

4.3.2 雖然大家會因一些議題有激烈爭執，但卻不可仇視或敵視對方（所謂bigotry）。在某些議題上，彼此立場的尖鋭分歧可能無法化解；但在整體群體生活中，不但不應互相排斥，更應守望相助，這才是胸襟廣闊的文明好公民。

4.3.3 這也是基督徒可表達的社會好見證：對於某些人的私德我們感到不滿，但對這些人卻有關懷和有愛心。

4.4 公平原則

4.4.1 另一個相關的社會倫理原則是公平原則：在社會生活及事務上一視同仁，不厚此薄彼。這也就是一個分配正義的原則：給同樣的事物以同樣的待遇。

4.4.2 所謂「同樣事物」，是就道德上相干的因素而言。以社會中一般公司對僱員的聘用、升級、降級及解聘為例，道德上相干的因素是該人的優點與成就，而該人的經濟需要（欠下信用卡數、一家四口全靠他供養等）則是不相干的因素。因此，公平的處理，是在聘用、升降級、解僱時，有同樣優點及成就的人，就給予同樣的待遇；優點及成就不同，就給予差異的待遇。至於那人是否有經濟需要，是完全不相干的因素，不可影響決定。

4.5 上述四個原則的應用

4.5.1 按上述的多元社會和平共存原則、寬容原則、同舟共濟原則及公平原則，同性戀者和異性戀者的生活方式及言論皆應受法律保護，並就性價值觀作激烈而理性的爭辯，遊說其他立場不穩的人，而不會因言獲罪。但在整體社會生活上還應同舟共濟；因此，一般公司僱主在做聘用、升降級、解僱等決定時，該人的性傾向和性生活應被視為不相干的因素。

4.5.2 異性戀僱主在作上述決定時對同性戀者有較差待遇(儘管他或她的優點與成就與其他人相同)，便是歧視，剝奪了該人的平等機會。

4.5.3 按上述四個社會倫理原則，在一個宗教多元社會，某佛教徒老闆雖然理直氣壯視殺生為不道德行為，但在僱用決定時不應該差異待遇一個下班後宰雞殺鴨的人。某回教徒老闆雖然理直氣壯視女性於公開場合露臉、露手臂、露小腿為不道德行為，但在僱用決定時也不應差異對待一個如此衣裝的職業女性。同樣地，某基督徒老闆雖然理直氣壯視同性戀行為不道德，但在僱用決定時也不應差異對待一個同性戀者。

4.5.4 天主教在某些社會道德議題比基督教更保守(如反對人工避孕、女性不可出任神職等)，但他們對正義和人權的擇善固執卻令人欣賞。在《天主教教理》2357條中說「根據聖經，同性戀的行為顯示嚴重的腐敗，……在任何情形下同性戀行為是不許可的。」但在2358條中卻說對同性戀者「應該以尊重、同情和體貼相待。應該避免對他們有任何不公平的歧視。」天主教訓導一向以來，無論在個人倫理或社會倫理，都立場清晰及一致。

5. 反歧視

5.1 現時在社會的討論中，「歧視」一詞有嚴重曖昧性，應該要有所區分。

5.1.1 倫理學把「歧視」理解為一種分配正義上的不公平；對相同的事物，卻因為一些不相干的因素，而作出差異的對待，如上述的僱用問題便是一例。

5.1.2 在一般言談中，有些人把「歧視」一詞擴大至對道德異己分子的生活方式作出批評；言論上的批評也被控為歧視。於是，任何人依於自己的道德信念、或文化宗教價值觀，對某些人的生活方式表示反對(同性戀者、妓女、性濫交者)，都被扣上「歧視」的帽子。滑稽的是，聖公會的馮智活牧師竟然說聖經中有歧視同性戀的成分。

5.2 基督徒是否對任何歧視都要義無反顧去反對？這視乎我們所談的「歧視」是甚麼意義。

5.2.1 若按上述倫理學的原意，在一般公司的僱用決定時，對同性戀者歧視，我會反對。除了是因為不公平外，也因為不尊重人權。至於在僱用範疇外，在其他範疇的分配(如公共房屋、社會福利、教育、捐血等)，是否對同性戀者也有不正義之處？則可一一按具體情況及可靠的數據逐一再作討論，本文暫無暇處理。

5.2.2 可是，有些人把「反歧視」擴大理解為不可批評反對，不可對不同生活方式作排序的價值分辨(如辨別最好、次好、再次好等——這種價值辨別其實是discriminate這字的原義)。我反對這種霸道的「反歧視」。基督徒群體基於宗教道德理由以言論反對同性戀行為，佛教徒群體基於宗教道德理由以言論反對街市中的宰鷄殺魚行為，伊斯蘭教徒群體基於宗教道德理由以言論反對公共場合女性裸臂露腿，這些都是他們的宗教信念，這種良知的自由(與反方良知的自由)要受到公平保護。以歧視之名貶低這種良知自由，其實是想借政府力量去封殺道德異議聲音。同性戀運動的活躍分子動不動就指摘基督徒及教牧歧視他們，為何他們的生活方式是神聖不容批評？為何他們心胸如此狹隘容不下諍言？這是以「反歧視」之假名去真歧視道德異見人士，剝奪他們的良知和言論自由。

5.3 有些不明所以的正直人，一聽是反歧視，便不加思索表示支持。對於這種不明底蘊的人，我們要有耐性去指點迷津。

6. 反歧視立法？

6.1 若只限於分配上的不正義，剝奪平等機會，這種真正的歧視是否一定要用立法禁止？

6.2 在道德上，我反對所有真正的歧視(除非牽涉整體社會重大利益及前途)。但在法律上，我並不贊成所有真正的歧視皆一定要特別立法禁止，因為這牽涉到法律和道德關係這複雜議題。

6.2.1 一方面，正如前述，我們不可能把所有道德教化的任務都交給法律去執行，這是法律所不勝負荷。

6.2.2 另一方面，對不道德事情，動不動便要求政府立法禁止，會引致一個嚴刑峻法的社會，使市民活於恐懼不安中。

6.2.3 再而且，一個高度爭議性的法律，只會激發更多衝突及憤怒，使社會更分化，得不償失。

6.3 在性傾向歧視問題上，第一個工作，且是最重要的工作是教育、溝通及勸諭，尤其是上文所提出的多元社會和平共存原則、寬容原則、同舟共濟原則及公平原則。

6.3.1 在價值多元社會中，多元社會和平共存原則和寬容原則要求我們忍受百家爭鳴中的「噪音」，同舟共濟原則和公平原則要求神的子民，對那些抗拒神的社會成員及敵視我們的異教徒不離不棄，守望相助。

6.3.2 一方面，有些異性戀者並沒有致力堅持同舟共濟原則和公平原則；他們對同性戀行為的厭惡，掩蓋了他們對同性戀者的愛心。為了要避免認同同性戀行為的嫌疑，他們刻意對同性戀者作差異對待，這是沒有必要的。教會群體在這方面仍有努力的空間。

6.3.3 另一方面，同性戀運動的推動者並不接受寬容原則，堅持同性戀生活方式不容批評，堅持所有性傾向、性癖好、性活動，只要兩廂情願，都是價值中立，無優劣之分，並試圖強制反對者沉默。在他們眼中，只要你主張同性戀生活方式不如異性戀生活方式(若主張同性戀生活方式不道德就更不用說了)，便是歧視。溫和的同性戀者及眼光寬闊的有識之士，應挺身發言，反對這種鎮壓異己的霸權心態，維護百家爭鳴的自由，容忍爭鳴中「噪音」的存在。寬容（to tolerate），一定是忍痛的（to endure），因為在爭鳴中雙方都會因受對方批評而感到受冒犯；正如前述（4.2.3），這是必須付的代價。這個寬容原則一旦受顛覆，一旦有些人被賦予不能受批評的政治和法律特權，自由社會的基礎就會動搖。

6.4 在這個立法爭議正反陣營中的領袖，若都願接受上述四個原則，分別在自己陣營作教育、勸諭及游說工作；假以時日，在較寬容的氣氛中，不再把「道德上不認同同性戀生活方式」與「在分配上不公平對待同性戀者」混為一談，對同性戀者的真正歧視投訴及個案將會大為減少，於是便無立法的必要。這是最理想及最理性的解決辦法。

6.5 為了避免一個嚴刑峻法社會，除非真有逼切需要，否則不應輕率立法。

6.5.1 若要為反性傾向歧視立法，其基礎除了視乎個案的多寡這個因素，還需視乎其他因素。

6.5.2 另一因素是歧視背後有無意識形態去鼓吹？外國曾有根深蒂固的白人優越論，所以反種族歧視有其逼切性。

6.5.3 再另一因素是歧視的出現是否有重大誘因？在僱用事務中，對家有幼孩的在職母親的歧視、對孕婦的歧視、對患病人士的歧視，都是出於經濟誘因，老闆只顧錢而不顧人。因此，反性別歧視、反家庭崗位歧視、反殘障歧視，皆有其逼迫性。

6.6 在香港的性傾向歧視現象，既無意識形態去鼓吹，又無重大誘因，而且歧視個案不多，因此要特別為此事而立法的基礎不足。社會中少數及孤立的歧視個案仍可透過非強制方式解決。

6.7 再者，同性戀者在香港的社會地位近年不斷冒升(如張國榮)，顯示只要有實力，同性戀者與異性戀者在香港皆已享有平等機會。整體來説，同性戀者並非弱勢社群，在立法基礎不足時還堅持立法，使他們成為受照顧動物，享有特殊待遇，既是多此一舉，也是對同性戀者的侮辱。

7. 教會的自我檢討及合理猜疑

7.1 在反對為性傾向歧視立法的聲音中，其中一重要理據是這樣的法律會造成逆向歧視，歧視反對同性戀的人。由於這方面討論甚多，故在此從略。

7.2 然而，教會合理地擔心遭受逆向歧視，但有沒有同樣擔心別人受「順向」歧視而抱不平？教會、基督教機構及基督徒，有沒有徹底反省在社會事務(而不是教會內部事務)中有無歧視同性戀者？

7.3 教會會友道德守則與公司員工操守守則不同。在一間教會中，因尊重聖經教導，可把同性戀行為列為道德守則所禁止；如有觸犯，可紀律處分。在多元社會中，一般公司不應該把聖經中的道德標準(或佛經、《古蘭經》中的道德標準)設為全體員工皆應遵守的操守守則；因此，僱主不應對有同性戀行為的員工作紀律處分。

7.4 以上的冷靜分析可能完全搔不著癢處，因為推動性傾向歧視立法的人，背後有一個普世同性戀運動的隱藏議程，如合法結婚、領養子女、人工生殖等。歐陽修在《醉翁亭記》中有名句：「醉翁之意不在酒，在乎山水之間也。」醉翁山水之樂這個問題(建立同性婚姻及家庭、對傳統性道德的徹底顛覆)，要另文認真處理；但同性戀醉翁這杯酒到底是甚麼酒，還須嚴謹檢定，以免不明所以的人受誤導。

8. 附錄：立法會民政事務委員會研究性傾向歧視問題小組委員會二〇〇一年八月二十日會議紀要摘要

- 「反歧視大聯盟的李建賢先生表示，……作為長遠目標，當局應繼續推廣和宣傳平等機會的概念及各種不同的性傾向，令整體社會接受非異性戀的伴侶關係。」(頁6，第6段)
- 「馮(智活)牧師表示，社會人士(尤其是有宗教信仰的人士)歧視同性戀的情況實屬嚴重。他引述聖經中若干

帶有歧視成分的語句，説明同性戀行為不應按照傳統宗教價值觀及原則判斷。」(頁11-12，第33段)

- 「同志文化研究小組的曹文傑先生表示，就性質而言，同性戀關係應被視為與異性戀關係同樣正常。」(頁13，第39段)
- 「劉慧卿議員認為，如性傾向歧視可以透過立法和公眾教育消除，則由同性配偶領養的兒童在正常成長的過程中便不會因其家長遭受歧視而受到影響。她促請反對同性戀的人士以開明的態度，考慮同性配偶領養兒童的權利。」(頁13，第40段)
- 「趙(文宗)博士補充，除確保法例獲得遵守外，立法的另一作用是教育市民尊重有不同性傾向的人士的權利和生活方式。」(頁14，第44段)

(資料來源：http://www.legco.gov.hk/yr00-01/chinese/panels/ha/ha_gso/minutes/gs010820.pdf)

(撮要載於《時代論壇》第九二七期，二〇〇五年六月五日。)

為甚麼我仍不支持立法？——寫在對談會之後

關浩然　香港性文化學會執行委員

性文化學會於四月二十二日晚舉行了一個有關「性傾向歧視立法」的對談會，邀請了贊成立法的性權會主席邵國華先生及基督徒學會總幹事胡露茜女士出席發言及討論。當天台下發言非常踴躍，雖然大會已延遲了幾乎一小時完結（對借出場地的教會及同工帶來不便），但台上嘉賓仍無時間對台下提問作出適當回應及澄清，好些誤解仍然頻現於台下發言中。

立法的道理

會上胡露茜女士提出了一個思考焦點，就是教會如何與同志復和。這是一個應該多作思想的地方，會另文討論。在立法的問題上，邵國華先生解釋了歧視法須要有三個元素，分別是原因、範疇及傷害，要滿足該三個元素才能構成歧視行為，因此立法後政府對民間的監視和管制仍然有限。而且只有嚴重中傷才是刑事罪行，才有入獄的可能，其餘的都是循民事訴訟，或由平機會調解，多以罰款賠償等處理。邵先生也解釋了立法的基礎，是落實執行人權公約的義務，而據同志組織所調查，性傾向歧視個案為數不少，有需要政府介入。將此交由條文法例處理，較由憲法挑戰的層次須啟動司法覆核程序來得簡單及有效。

雖然如此，本人對採用強制性的立法方式來保障同志權益仍有不少顧慮，恐怕對社會有不少副作用，懷疑其建立共融社會的成效。

條例的道德精神

在一個價值多元的社會中，存有不少群體(教會只是其一)，因種種不同的原因認為同性戀是一項道德議題。會上何善斌牧師正指出，教會基於聖經的教導，視同性戀行為是罪，也是一項道德議題。對這些視同性戀為道德議題的社群來說，同性戀與個人道德操守有關。或許有人會把這種道德觀視為無知和偏見，但有關道德觀的爭議在多元社會總難避免，而此正是香港社會的實況。而「性傾向歧視條例」的哲學，由於認定不同性傾向的人都應該獲得一切同等的權利，在執行上便如同判斷同／雙性戀為道德中性，與異性戀價值平等。舉例說，如學校因老師嫖妓或其他道德操守的緣故解僱老師，在社會上是看為合理的做法，甚至是有必要的。然而從性傾向歧視的觀點看，同性戀要是道德中性，不涉甚麼個人操守，則學校便不應因老師的性傾向而對老師作差別對待。因此，一旦立法，則市民只可執行一套建基於同性戀與異性戀價值平等的觀點所產生的規則，涉及的範疇包括僱傭、就學、會社資格等等。若一個印刷商因不認同嫖妓，認為這有違道德，因此拒絕印刷嫖客指南等三級刊物，現時法例沒有管制這個商業決定，可讓各人按其良心及其他考慮自由營商。若依其他歧視法的藍本立法，商人日後便很可能不可因其個人的道德價值而拒絕與同志群體作生意往來。

良心的統一化

邵先生在會中曾表示對教會／社會在性傾向歧視條例上特別關注感到不解，因為政府其實已訂立了許多這樣的侵權法例，如噪音管制等等。筆者的想法是，這現象其實正反映性傾向歧視條例背後的道德價值未成為社會的共識。在噪音管制上，法例的強制性雖會帶來對市民行為的一些監管，縱或對某些人造成不便，但因維護大眾的權利這道德價值已有一定的社會共識，不會涉及市民的道德良心問題，所以也未曾引起公眾特別的關注，甚至反彈。自由社會的理想是讓各人都能按良心行事，互不侵犯，國家對個人的管制愈少愈好。然而性傾向歧視條例背後的道德價值正是社會中相當分歧的，有絕對贊成，也有強烈反對。法例背後的衝突其實不是異性戀者與非異性戀者之間的衝突，而是認可同志運動的性道德觀與不認可同志運動的性道德觀之間的衝突。立法會有「強行統一良心」的副作用，因此才帶來民間強烈的反應。筆者在性別歧視、家庭崗位歧視、殘疾歧視和種族歧視方面都沒有發現民間在這些問題上有嚴重的道德分歧，在性別歧視條例的辯論裡，也多是圍村的產權繼承和圍村文化的問題，未見觸及道德良心的問題。

邵先生其實十分明白這一點，「其實說到底，回應者還是深心不忿把異性戀和同性戀放在同一把秤上而已，但這正是平等機會的理念，社會愈多偏見，對不同族群愈多等次迷思，平等保障愈顯得必要；要等到社會認同／異性戀沒有甚麼差距的評價時，反歧視法可能沒有甚麼必要了。」(邵國華《解釋性傾向歧視更多誤解與迷思》，對談會上派發資料，頁4)當平等機會此道德價值與公眾在性道德價值上未能產生共鳴時，在性傾向歧視問題上採用強制性的反歧視法例，執行上便引起一種道德觀與另一種道德觀的衝突。筆者對立法的擔心，是因為道德和良心有如宗教，用法例「征服」容易會激化民間的衝突，不利建立共融的社會。

歧視條例與自由

據邵先生所言，歧視法會交由平機會與民事法庭處理，除少數涉及嚴重中傷等罪外，其餘不是刑事罪行。可是，民事訴訟的官司費用及罰款也可以相當可觀，平機會可動用公帑替受害人打官司，但因涉嫌作出性傾向歧視的一方則須自掏腰包，這有違公平原則。

雖然在對談會中，邵先生一再嘗試指出反歧視法相當溫和，不會干預言論自由。然而據平機會職員在工作坊中的解釋，公開場合包括研討會、主日崇拜(只要開放入場)，因此這些聚會就算是宗教性質，也在規管範圍。據《立法禁止種族歧視諮詢文件》四十二條，中傷罪是：

「任何人如因另一人的種族或人種背景而藉公開活動煽動對該人的仇恨、嚴重的鄙視或強烈的嘲諷，即屬種族中傷行為。條例草案應把這些行為定為違法。」

而四十三條指：

「任何人如因另一人的種族或人種背景，而藉公開活動煽動對該人的仇恨、嚴重的鄙視或強烈的嘲諷，而所作出的行為包括：

(a) 威脅對該人的身體或其處所或財產加以損害；或

(b) 煽動其他人威脅對該人的身體或其處所或財產加以損害，即屬犯罪。」

甚麼是嚴重的鄙視？甚麼是強烈的嘲諷？若只有四十三條，則所謂中傷行為應被限制為會引發對身體、處所及財產的損害的煽動行為(似殘疾嚴重中傷)，但四十二條則不設此限(一般中傷)，應用範圍很闊。同志群體引用美國精神醫學會的立場，指Reparative Therapy對同志有害，那麼教會或機構在公開場合勸諭求助者考慮接受Reparative Therapy是否會構成煽動罪？在四十二條下，在講台宣告按照聖經標準，同性性行為是可憎惡的罪(雖然是宗教意義上的罪)，這是否一項嚴重鄙視？瑞典一位牧師正因在講章中講解聖經而觸犯了煽動仇恨罪，而四十二條的中傷罪豈不正作出同樣的管制嗎？公開登報聲明反對同性性行為，或按統計資料指出同性戀者患愛滋病的比率遠高於異性戀者等等，會否構成嚴重鄙視？固然，如今政府仍然未就性傾向歧視條例作出草稿，我們未知細則如何。但宣告性傾向歧視條例不會干預宗教自由和言論自由是言之過早，若非有意隱瞞潛在危機。

有關騷擾罪，按《立法禁止種族歧視諮詢文件》三十八條，有以下解說：

「向被騷擾者作出不受歡迎或不為他人接受的行徑(該

等行徑包括口頭辱罵或發出表示憎恨被騷擾者的郵件)，而在有關情況下，一個合理的人在顧及所有情況後，應會預期被騷擾者會因該行徑而受到冒犯、侮辱或威嚇，騷擾者即屬對被騷擾者作出騷擾。」

其中甚麼是不受歡迎的行徑？甚麼是冒犯？按多次與同志組織對談，或台下發言，或網上對談，發現不受歡迎的範圍很廣，而冒犯更是非常主觀。至於一個合理的第三者，是交由作出判決的法官或仲裁人判斷。筆者已指出香港社會在性價值觀上是非常多元的，不同群體之間存有非常差異的性價值觀。對於某群體而言，一項意見可能在另一群體眼中足以構成冒犯。最後誰為正邪定分界？縱使騷擾罪和一般中傷罪只是民事訴訟，不是刑事罪行，但賠款、高昂的訴訟費用、心理壓力等等，都是相當嚴重的威脅。筆者不是要保障那些不尊重他人的騷擾和中傷行為，而是擔心這種騷擾和中傷罪很難界定，易被濫用來壓制言論自由、思想自由和良心自由。

一旦「性傾向歧視條例」獲得通過，因避免法例的轉承責任，免得動輒要自掏腰包打官司，各機構會制定內部守則確保員工不會觸犯歧視條例(特別是騷擾罪及中傷罪)，甚至審查員工的言論。類似的例子有美國伊士曼柯達公司的職員因在抗拒同志活動的宣傳電郵時説同志宣傳刊物嘔心，最終被公司辭退。一些公會或專業資格組織也會依據法例而審查會員，像British Columbia College of Teachers吊銷了在報章批評同志教材的老師Chris Kempling的教師執照。雖然目前沒有條例條文可供評估此等例子是否會在本港出現，但既然民政事務局聲稱會參考西方國家的條例立法，那麼至少這是一個不小的危機。

網上的評論，不少都已從身分政治、性別政治等意識形態角力的角度看，筆者也相信整個同志運動本身就是一場意識形態的角力，像上世紀中期的資本主義與共產主義之爭。在這種背景下，糾正社會上的性傾向歧視問題（如就業等等），是否真的適宜採用性傾向歧視條例的方式進行？

積極性的措施

一向支持性愛多元化的本港性學家吳敏倫教授很早以前已主張不宜用消極的懲罰性法例處理性傾向的歧視。筆者相信採用積極的鼓勵性措施，較採用強制性及懲罰性的消極措施的其中一項優勢，就是沒有硬性統一良心的副作用，也可保障反對「同運性價值觀」的人的言論自由，不須處處「走鋼線」，擔心觸犯法例。筆者曾建議採用類似旅遊業的優質標誌，鼓勵公司執行民政事務局在一九九八年制定的《消除性傾向歧視的僱傭實務守則》，使任何性傾向人士在就業上不會受到差別對待（此乃個人建議，不代表性文化學會的意見）。民政事務局亦可制定其他守則，供餐廳、酒店等等使用，使性小眾在衣食住行方面得到公平的對待。不少國際企業都已執行內部的性傾向平等守則，以電腦業來說，IBM、微軟、hp-Compaq等，都已有消除性傾向歧視的守則。政府只須進一步嘉許，相信社會上大部分企業都會跟隨。對於強烈反對同志運動的性價值觀的巿民，仍然可以選擇不參與該鼓勵性措施，讓民間保有其在性價值觀上的良心自由。借用伏爾泰的名言，「我雖不同意你的意見，但我會捍衛你的自由。」對於完全認同同志性價值觀的人士，縱然不同意不認可同志性價值觀的人的意見，但盼望也能捍衛反對者的自由。

再者，針對同樣遭受不公平解僱的市民，更徹底的立法是修訂勞工條例，使所有市民，不論是否因其性傾向，或是其他原因(例如政見)而遭到不公平解僱的人同樣得到保護。若要針對住居問題，也當對租務條例上作出修訂，保障一切人不論因性傾向或其他原因，都得到公平對待。目前性小眾是否收入偏低、普遍教育程序偏低、在衣食住行各種服務上受到剝削等等，仍未有任何可靠的調查。若是小手術，又何必全身麻醉？

(載於《時代論壇》第九二三期，二〇〇五年五月八日。)

第四章

和解與誤解

性傾向歧視立法——需要與誤解

邵國華　性權會主席

第一次性傾向歧視條例草案提出是一九九五年，前立法局議員胡紅玉女士以私人草案形式提出《平等機會條例草案》，包含性傾向歧視的保障；然而當時政府另起爐灶推出獨立的、覆蓋面較細的《性別歧視條例》(SDO)及《殘疾歧視條例》(DDO)，最終政府的SDO及DDO順利通過，而胡的《平等機會私人條例草案》只好再分成三條以尋求通過，其中一條就是《平等機會(家庭崗位、性傾向及年齡)條例草案》，可惜在二讀時以二十四比三十一票給否決了。

政府深知民主派必會鍥而不捨地重提該條例草案，故在一九九六年一月至三月進行了公眾諮詢，在此之前，當時的民政事務局局長孫明揚更委託嶺南大學進行獨立調查，研究公眾對不同性傾向及反歧視立法的意見，以引導性問題問公眾是否「介意與同性戀者握手」、「介意與同性戀者在同一泳池游水」及「介意入住同一酒店」等，這種近乎隔離政策(Apartheid)的引導，對不同性傾向人士極度不公，更給予公眾錯覺，認為社會大眾有權決定是否隔離小眾族群，以及小眾的權益應由大眾來決定。最後，政府稱收到超過百分之八十五的回應反對立法保障不同性傾向人士免受歧視。這次調查對日後的立法及倡議工作設置了不少路障。

一九九六年劉千石先生再以私人草案形式重提草案，過程中努力游說支持及作出多項妥協，然以兩票之微（二十五對二十七），始終未能獲得通過。投反對票的民主派民協成員馮檢基、廖成利及投棄權票的獨立議員黃宏發頓成為歸咎的焦點。一九九七年政府再分拆草案提出，並通過《家庭崗位歧視條例草案》使成為法律。

一九九七年回歸之後，由於立法會規定私人議案必須經地方直選及功能組別兩組過半數的支持才可通過，故此提出私人草案的機會大大減少。

二〇〇二年理工大學做了一九九六年以來最大型的調查，再探討六年過後市民對同志獲得平權的態度，結果顯示，超過百分之九十的受訪者認為同性戀者應該獲得與異性戀者平等的權利，超過百分之七十認為同性伴侶應與異性伴侶享有平等權利。

大眾有權決定小眾命運嗎？

同志社群聯席歡迎調查結果，但重申小眾是否、於何時及如何被立法保障免受歧視，在於實質上小眾被歧視的狀況、程度、逼切性及所受的傷害，而不是從大眾對小眾社群的觀感、認同與否、同情與厭惡來決定小眾的福祉。從來立法保障小眾免受歧視是基於公平原則及基本人權的角度，而不是根據公眾的喜惡來決定，反歧視立法是一個對政府的道德勇氣及政治決心去捍衛平等原則及自由人權的終極測試，政府有責任把問題放在一個人權／平等的框架內討論，而不是躲在公眾意見／民意（Public Opinion）的背後。理大的調查，顯示有大多數人支持不同性傾向人士享有平等權利，雖然這項調查結果並不應視為立法與否的依據，但它實質上粉碎了政府持不立法立場的最後掩護——民意。

立法消除性傾向歧視有何法理依據？

所有國家的憲法都有平等保障的條款，包括香港特區的小憲法《基本法》(第二十五條)，同時，由於《基本法》第三十九條明確訂明香港特區必須遵守國際人權公約，而這些人權公約亦有不同條款的平等保障。《公民及政治權利國際公約》(ICCPR) 更於一九九一年獲採納成為本地法，亦即現有的香港《人權法》(以下簡稱BORO, Bill of Rights Ordinance)。《種族歧視條例》立法就是在港府須要履行公約要求的情況下而催生出來的。

同志享有人權嗎？

有人會提出質疑——是否所有人都享有人權呢？同志有人權嗎？對這問題吳敏倫曾有一妙答——同志是人嗎？這個表面上很荒謬的問題，確實會有人問。若果不是所有人都擁有，那誰人擁有？又誰人不應擁有？用甚麼標準來決定包含誰和排斥誰？要完整檢視這個問題，所需篇幅實在太大，姑且只處理目前的問題，亦即平等保障的人權。有人便從平等保障的條款中鑽空子，請看ICCPR第二條作為例子：

「人人得享受人權法案所確認之權利，無分種族、膚色、性別、語言、宗教、政見或其他主張、民族本源或社會階級、財產、出生或其他身分等等。」

這是一個非常標準的措辭，很多國際公約及國家憲法都用這種語言，有人會質疑，性傾向根本不包含在保障之列，亦即並非已羅列原因（Enumerated Grounds），故此根本不應獲得保障；以此推論，很多歧視的原因都不包含在內，是否以這些原因受歧視的人就沒有人權？家庭崗位、婚姻狀況及殘疾並不包含在內，是否單親媽媽、已婚人士及傷殘人士就沒有人權呢？剛剛相反，我們的政府更加要為這些人士立法，保障他們免受歧視；事實上，即使沒有反歧視立法，這些人士依然享有平等保障的（有限的）人權，因為公約所羅列的原因包含一項概括所有的「其他身分」（other status）。同理，性傾向也包含在「其他原因」之內，因已羅列原因不可能無限量延長；公約的精神是概括所有的原因，亦即人人平等的精神；另外，聯合國對應ICCPR的監察機構（人權委員會，Human Rights Committee）早在一九九二年已頒布一項裁決，在〈Toonen訴澳洲〉一案中，裁決說明公約內有關「性別」作為一種保障原因已包含了「性傾向」，故此甚至不需依賴「其他身分」的定義。簡而言之，公約要求人人平等，包括不同性傾向人士。

港府為履行她的公約責任，必須為性傾向歧視立法，這不是說港府必須為所有歧視原因立法；正如我前面所述，是否立法、何時立法及如何立法保障免受歧視，在於實質上的歧視狀況、程度、逼切性及所受的傷害。舉例說，香港是一個相對地宗教自由的地方，要不然我們可能一早便要為宗教歧視立法了。

剛才的問題——是否所有人都享有人權呢？看似荒謬，但提出者眾，例如我們尊貴的議員田北俊先生，他於一九九〇年辯論非刑事化草案時便有以下偉論：

「男女結合天經地義，是最正常不過的事，簡言之，我固守傳統的觀念，認為異性戀關係才是正確的關係……倘論證謂同性戀者的權利是一般權利的一部分，實屬謬誤。我認為《人權宣言》並不適用於此。《人權宣言》應被視為政治文件，不應包括諸如販毒人士、賭徒及行為變態者的『權利』，有關所謂『同性戀權利』的論據假定『同性戀』人士在道德上有權獲得社會人士接受或贊同。」

不道德的人享有人權嗎？

他的主要論點在於同性戀不道德，但首先要問的是誰人的道德？誰來定甚麼是道德？有沒有宇宙性的道德？如果沒有的話，法律只可以憑藉「傷害原則」，在這原則被侵犯的情況下才可插手，非刑事化就是因為在成人同意自願情況下的同性性行為沒有傷害到其他人，故此要求法律停止介入當中；反歧視法例的存在就是因為有人因某原因被歧視而受傷害，所以才需法例的規管；歧視的態度、言論及行為，無論如何可惡、不道德，都不會受法律所懲罰，直至有人因此而受傷害。這原則是一致的。

且看看現有的反歧視法律，很多反歧視法律保障的原因以致族群都會被提出道德的質疑。社會上不同的道德標準可能會認為離婚、再婚不道德，又或者未婚產子不道德，但這些道德批判不能／不應左右是否立法保障離婚、再婚人士及未婚媽媽不受歧視。無論你認為這些人多麼不道德，你都不可以解僱她或拒絕提供服務予她，因為她的工作表現與她的道德操守無關。

性傾向是可以改變的，為甚麼要保障隨時可變的選擇？

有人會提出，由於性傾向是可以改變的，是一種行為的選取，故此毋須為一些可改變的行為提供保障；這個論據背後的假設是，(1)異性戀以外的性傾向都是錯的，(2)不同性傾向人士受到歧視是他們行為的結果，(3)故此他們應改變他們的性傾向／行為來避免歧視，而不是立法反歧視。不可變身分(Immutable Status)只是眾多憲法平等保障的考慮點之一，並非唯一。對於不同憲法的平等保障法律分析，當中涉及很多因素，不能單單以是否可變身分來決定，這裡只能簡單略述其中幾個常用的考慮因素：(1)不可變身分(Immutable Status)、(2)基本自由選擇(Fundamental Choice)及(3)無關性(Irrelevance)。

不可變身分

性傾向究竟是身分還是行為？這裡我們簡單區分圍繞性傾向的定義，性傾向包括異性戀、同性戀及雙性戀，反對性傾向平權人士將之與其他性差異行為(Paraphilias，中文未有更好翻譯，謹此致歉)混為一談，如性虐待與被虐行為(Sado-masochism)、群體性行為(Group Sex)、多性伴關係(Promiscuity)等，但事實上以上的性差異行為同時存在於異性戀及同／雙性戀群體之中，故性差異跟性傾向沒有必然關係。性傾向存有兩個元素，包括(1)對某性別的吸引(Same-sex and/or Opposite-sex Attraction)及(2)與某性別的性行為。對於性傾向是一種先天傾向，還是後天學習的行為，學者還在爭論不休。法律不太關心傾向是先天還是後天形成，而是它是否可以改變，美國精神學學會認為同性戀的形成有先天因素，即使有後天因素，同性戀在孩童初期已形成，當事人不可能逆轉孩童期的發展，學會亦未見過能通過嚴謹科學驗證的成功改變性傾向例子，故此學會抱持性傾向為不可改變身分的立場。當然有宗教團體引述史匹沙醫生(Dr. Robert Spitzer)的研究說，在他的研究對象中，有百分之六十六的男同性戀者及百分之四十四的女同性戀者有良好的異性性行為功能，但完全沒有雙性戀人士的資料，令人懷疑他的受訪對象中可能有很多都是雙性戀，具有異性性行為能力不足證明性傾向已改變；即使是壓倒性的同性戀者能顯現異性性行為能力亦不足以證明他／她們沒有受同性吸引，加上大部分(三分之二)的受訪者皆為前同性戀者教會(Ex-gay Ministries)及主張治療同性戀的組織(NARTH)轉介的，可靠性成疑。即使整個研究的結果是可靠的，它只能證明同性性行為是可變的，卻沒法證明對同性的吸引可以改變，性傾向有沒有改變不得而知。

即使性傾向(包括吸引及行為)是可以改變的，是否代表它不應受到保障？不可變身分很容易被法庭接納為保障原因是事實，如：性別、種族、殘疾及生於單親家庭的兒童等，但更多的歧視原因是可變身分，如：婚姻狀況、家庭崗位、單親父母、短暫殘疾、宗教信仰、工會會員等，但法例同樣保障這些原因，上述前四項更是香港現行歧視法例已保障的原因；所以性傾向是否不可變身分不能決定是否立法消除歧視。

另一種論點同樣持性傾向是可變的觀念，但側重點在於法律不應保障某些個人選擇，當事人應該對所選擇的行為負責云云。沒錯，所有人都應該對所做的行為、選擇負責，如離婚人士、單親父母及未婚媽媽可能會承受某些價值／道德批判(不代表他們應該承受批判)，但當這行為、選擇被報之以歧視及傷害時，法律便有必要介入。法律之所以介入，在於此等歧視、傷害行為侵犯了上述人士的基本選擇自由(Fundamental Choice)，如：婚姻(包括離婚)的自由及生育的自由。同理，即使同性性行為及關係是一種選擇，它仍然應受到基本選擇自由的保障，包括個人私隱權、婚姻及家庭生活權及平等對待權等。

基本自由選擇

當然亦有人提出同性性行為的權利根本不是基本選擇權利，這論據是完全基於「世上只有一種性傾向，它就是異性戀」的前設；否則，若人人享有性行為及性生活在私隱不受騷擾的情況下進行的權利，為何異性戀者有而同性戀者不可以有？舉一個雙性戀者的例子就最明顯不過，她有著跟男性及女性建立性／感情關係的能力，純然是她的選擇去發展跟哪一個性別的關係，她的這個選擇權依然應受到保護，因為如何／與誰／與哪一性別的人建立關係是她私隱範疇的事，應該受到保障，除非我們的社會根本不尊重私隱。

無關性

即使性傾向是可變身分，即使它亦不是基本選擇自由，還有一個異常關鍵的問題未解決——是否僱主因此便有權解僱同性戀者？會所／餐廳有權拒絕同性戀者內進？政府有權選擇性地不服務同志市民呢？一個人的性傾向跟她的工作表現及獲得服務有何關連？跟她受教育、獲取專業資格及使用設施有何關連？既然是無關(Irrelevant)的因素，政府便有必要保障她免受歧視。

性傾向歧視立法鼓吹同性戀？

另一反對論點為，性傾向歧視立法會鼓吹更多人「成為」同／雙性戀；首先要問的問題是：同／雙性戀有何問題？多了同／雙性戀又如何？第二，立法反歧視便會鼓吹某類人出現？不要忘記，性傾向歧視同樣保障異性戀者，那會不會反而鼓吹了更多人成為異性戀者？再者，我們以異性戀為中心的社會、家庭、福利政策鼓吹了幾個世紀的異性戀事業，為何還有這十分一寧死不屈的同性戀者不肯「轉軚」？參考性別歧視條例，它也保障婚姻狀況，那是鼓吹了人去結婚還是離婚、再婚？難道懷孕歧視的條例，鼓吹了更多人生孩子嗎？第三，「鼓吹論」只在性傾向可任意改變的假設之上，在未有科學根據之前，「鼓吹論」不成立。最後，即使性傾向可以改變，誰會想「成為」備受白眼、誤解、偏見(而這些價值批判是沒有法律保障的)的同／雙性戀者？

性傾向歧視條例(不)包含些甚麼？

性傾向歧視條例若有機會提出，草案將會基於其他條例的範模來草擬，性傾向歧視條例旨在消除基於性傾向及有關原因(可能包括性別認同，政府現時定義的性傾向包含跨性別人士，故真正立法時可能包括性別認同為保障原因之一）的歧視。條文應該保障任何人士免受基於性傾向的歧視、騷擾及嚴重中傷，規管政府、公共機構、私人機構及個人，不能在僱傭、教育、提供設施及服務、審批組織會籍、頒授專業資格及廣告宣傳等範疇作出歧視行為。條文亦會指明法例的效力、執行機制、機構及補償等。

（載於《思》第九十三期，二〇〇五年一月。香港：香港基督徒學會。嗚謝香港基督徒學會允准轉載。）

回應反性傾向歧視立法的建議聲明內容

一名關注性傾向歧視的信徒

看到近日各機構紛紛鼓勵堂會表態反對反性傾向歧視立法，彷彿危城告急。那麼，教會的聲明可以怎樣寫？以下是我個人的一個卑微的建議，供各位參考。

一名關注性傾向歧視的信徒

二〇〇五年二月二十八日

◆◆◆◆◆◆◆◆

對反性傾向歧視立法的立場（建議稿）

一、我們是一群關心社會的基督徒，相信社會每一分子都不應在不相關的事情上受到不平等待遇，社會各群體當以互相尊重和體諒的態度和諧共存。

二、我們相信基督教聖經認為同性戀是不值得鼓勵的行為，故我們在反對性傾向歧視、接受社會有多元生活方式的同時，不欲正面鼓勵類似傾向。異性戀和同性戀以外的其他性傾向就更會是社會大眾所不願鼓勵的。

三、我們對將會在立法會討論並考慮立法的性傾向歧視問題表示深切憂慮。因為社會裡有一群積極分子意圖漸漸地在公眾的理解上把條文表達得很寬鬆，要包括各種不同的性傾向，某些報章亦有偏袒不客觀之嫌，這使建議中的法例容易在實際上變成打擊那些不欲正面鼓勵某類性傾向的異見人士(尤其一些宗教人士)的工具，屆時異見人士動輒被刑事檢控，要付上巨額的代價才得以脱罪，社會衝突增加，漸被分化，有違和諧共存的理念。

四、由於建議中的法例條文字眼未有落實，反對歧視的基本精神也是我們認同的，故我們不欲全盤否定考慮立法的意義。但是從外國經驗可見，類似法例常被濫用，我們對條文字眼用詞會否過分空洞和執行時會否太隨便入罪，都抱悲觀的態度。若這些憂慮未能得到合理的釋疑，我們惟有反對該項立法。

五、我們期望社會各群體以理性對話來面對性傾向歧視的現象，並呼籲傳媒在報道時盡量弄清楚不同群體的立場，給予公平的表達空間。

(載於《時代論壇》網站，二〇〇五年三月一日。)

同志身上的基督

胡露茜　香港基督徒學會總幹事

面對面的相遇

我對同性戀平權議題的關心始於一九八八年。當時香港政府諮詢公眾對修改有關同性戀法例應否非刑事化的意見，我以香港婦女基督徒協會（女協）主席的身分，跟一些關心此法例的基督徒團體就有關諮詢文件進行交流與反省，結果我們認為基督徒不應單以傳統教會視同性戀為罪和不道德等理由，繼續支持一條侵犯人權的法例。況且，當時在普世神學界和教會的思潮上，亦出現了不少新的觀點，是為同性戀持更寬容甚至肯定的態度。因此我們便發表了一篇公開聲明，表示支持政府修改同性戀刑事化的法案。然而，這次參與只限於法例層面的關注，對社會上受歧視的同性戀者表達基督徒的關心和支持，我與同性戀者之間卻未曾有過任何真正的接觸。

及至一九九一年，我擔任中大崇基學院助理校牧時，一次我邀請了當時十分一會宗教組幾位代表，出席崇基學生宿舍的夜話活動。他們分享了在基督徒與同志兩種身分之間的衝突和掙扎。記得當時有兩件事情令我感到不安和震撼的，第一是當晚有幾位手上拿著聖經的同學，不斷環繞幾段有關同性性行為的經文對分享者提出質詢，並多番強調根據聖經的權威，同性戀是絕對違反上主創造人的旨意，並且是嚴重的罪行。然而，最令我不安的是，他們對十分一會朋友的真誠分享卻好像完全充耳不聞。

第二件事情是經過這次與同志信徒的面對面相遇，我不但以旁觀者的身分聆聽他們心底的聲音和信仰經歷，更被他們充滿傷痕、掙扎和勇氣的故事所觸動。我開始意識到，我與他們之間再不是一種強者對弱者的同情與關懷，而是從他們身上重新領受到一種新的屬靈力量，透過他們的見證，我對上主和自己的生命有了新的了解和體會。自此，這種力量繼續驅使我與本土的同志平權運動和同志神學結下了不解之緣。

與同志面對面的相遇，令我更深刻體會一種發自內省的神學反思首先要開放自己，與具體的生命經驗相遇、對話，從而觸動我們重新反省自己的信仰，並對教會以至社會的傳統規範和教條進行認真的審視、批判、分析和修正，這樣我們才可以令基督教所傳的福音更貼近人的真實處境和需要。以下我會嘗試介紹當代同志神學所提出的兩點與傳統神學迥異的另類觀點，包括對聖經權威和性的差異與平等的重新思考。希望這把異聲有助教會在面對性傾向歧視立法的衝擊時，仍願意敞開心懷，透過與同志信徒面對面的相遇，讓上主的靈釋放我們長期被禁錮的身體和心靈。

此文介紹的同志神學主要指那些專以探討和研究異性戀世界以外的不同性向群體的信仰和神學著作，當中部分是以同志身分發言的神學家和釋經學者，包括Carter Hayward、 Beverly Wilding Harrison及Mary Hunt等。

聖經權威的複雜性

基督宗教對同性戀否定的立場由來已久。第一世紀的猶太學者斐羅(Philo of Alexandra)及約瑟夫(Flavius Josephus)首先引用創世記十九章的「所多瑪與蛾摩拉的故事」，來抨擊男同性性行為，直至公元三至五世紀，教父時代的神學權威繼承了猶太教及第一代基督信徒反同性戀傳統，將當時創世記十九章中所多瑪和蛾摩拉的毀滅，解讀成上主對同性性行為罪行的懲治。從此，這個雙城故事便成為教會譴責同性戀罪行的權威例證(見Jeremiah:〈雙城記：錯置的罪名〉，《暗夜中的燈塔》。台北：同志同光長老教會，二○○一，頁127-136。)。然而，這種解釋是否代表聖經原作者的意思？我們是否忽略了經文寫作時的處境及歷史因素？此外，我們亦要注意在流傳的過程中，歷代教會及信徒對聖經的解釋均按著不同的時代處境和傳統去詮釋，許多時候，不同的群體對同一段經文也有不同的解釋。

今天同志神學所面對最大的難題，一如婦女神學及其他第三世界神學的經驗相同，是教會所高舉的聖經權威的絕對性。可是，我認為聖經權威的核心問題並不在於聖經的文字本身，而是關乎聖經如何被詮釋以及誰有權去詮釋的問題。經過數十年聖經詮釋學所累積的智慧，所有詮釋學本質上是一種權力的運作，而聖經的詮釋也不例外。

綜觀聖經詮釋的歷史，從初期教會以來聖經詮釋方法不斷經過改變和修正。歷史中詮釋法的爭論，代表著不同群體的權力抗衡和爭奪——因此不少婦女和同志神學家曾經質疑所謂「正統」和「異端」的分別，只是反映教會歷史上誰勝誰負的結果，因此婦女和同志神學特別提出在過去聖經詮釋的過程中，由於傳統釋經偏重了男性和異性戀的經驗，因此婦女和同志信徒的經驗一直被置於教會的邊緣，成為沉默的一群。雖然他們同是教會的肢體，但卻喪失了自己解釋聖經和發言的權利，而他們的經驗更往往被主流的偏見所曲解，甚至傷害。(提出這些觀點的學者主要包括Elizabeth Schussler-Fiorenza、Sharon H. Ringe及Rita Nakashima Brock等。)

同志神學的出現可說是同志信徒在信仰上的一種逾越，今天他們除了採用近代聖經詮釋學的觀點，對傳統教會以「字面釋經」的方法來定義上主對同性戀的懲罰提出質疑，並提出同性性行為並不是當時聖經作者的主要關注。此外，聖經中有關同性戀的章節至今仍未有明確的定論，或因對某些詞語解釋不確定、或因修辭上的含糊、又或因時代不同故對同性戀的理解有出入，以致對聖經個別章節的詮釋出現分歧，因此，我們斷不可根據幾段經文的片面解釋而達至絕對禁止同性戀的結論。(提出有關的同志神學和釋經論點的學者包括Lisa Sowle Cahill及John McNill等。)

最後，同志神學認為耶穌所傳的天國的福音才是整部新舊約聖經的核心價值，而一直處於社會和教會弱勢的同志信徒，從耶穌基督身上所體會的，絕不是一個道德主義的護航者，而是一個願意謙卑降世，成為貧窮人，與妓女和稅吏親近，並譴責那些假冒為善的祭司、律法師和法利賽人，因此他們相信同志基督徒應該勇敢地以上主子民的身分重新爭取自己對聖經和信仰的解釋權，目的不但是希望重拾同志作為人的尊嚴，也是他們真誠見證福音的表現。

性的差異與平等

許多持反同性戀立場的基督徒常引述保羅在羅馬書一章26至27節作為教會反對同性戀的基礎，認為同性戀違反自然，有違上主創造男女，成就生育的目的。在教父時期，更強調一切不為生育的性關係均違反自然，因此自瀆與不育妻子交合、同性戀等均屬不自然。然而，同志神學卻質疑這種有違自然的性倫理標準，只是反映教會內以男性及異性戀為中心的偏見。

聖經時代的婚姻並不是兩性戀愛的結合，而是一種交易，女人則是男性擁有的財產。而人們對性的關切主要集中在生育的功能。因此假如今天教會要高舉聖經的權威和自然定律的絕對性，我們是否遵守「生養眾多，遍滿全地」的命令？這是否又是上主對今日人類的美好心意？此外，耶穌亦曾對選擇不結婚生育的人予以肯定(太十九：11-17)。因此，單以「無法生育」為理由譴責同性戀是站不住腳的。不少神學家亦提出男女婚姻是理想的關係模式，但這並不表示要禁止其他性愛方式。從信仰的角度，更應強調以愛和公義為基礎的親密關係，而不是只看進行性行為者是同性或異性。

今日，隨著普遍社會對性的開放，加上女性主義及同志運動展現的人類情慾多元化的面貌，已經有愈來愈多人肯定兩性平等和性權選擇與實踐的多元文化；因此，選擇在異性戀婚姻以外的性態生活，如同性戀、雙性戀或單身等都是個人情慾自主的實踐。這些發展對傳統教會強調以法律強制公眾接受一種價值觀的取向，必然產生恐懼和焦慮。然而，以宣揚基督的公義和合一的教會，除了繼續故步自封，拒絕聆聽不同性向人士在日常生活所遭受到的歧視，並以維護異性戀婚姻和完整家庭的使命作為反對政府推行消除性傾向歧視立法的理據之外，我們是否可以先放下以異性戀傾向為尊的心態，嘗試反省如何接待這群與我們不一樣的弟兄姊妹，並從他們身上尋找上主的新的形象？

美國聖公會的牧師和神學家卡蒂希活(Carter Heyward)，本身亦是一位女同性戀者。她指出傳統基督教將性等同罪、靈等同上主的二元對立的神學根深蒂固地影響著以後基督教在性倫理的發展，而這種靈／慾截然二分及對非異性戀者的排斥的神學主要源自教父時代的詮譯，並不是基督教唯一或絕對的標準。卡蒂建議今天的教會應勇敢地糾正以異性戀為尊的信仰詮釋，重新認識和肯定人性及人在性和情慾方面的多元表達和發展的權利。此外，教會的道德力量不是建基於一種對別人的控制和規範上，而是與我們不一樣的鄰舍相遇，建立平等相互的關係，從而增加彼此的認識和團結。(Carter Heyward, *The Redemption of God-A Theology of Mutual Relation*.〔New York: University Press of America, 1982〕頁107-138。)

現代法律的理想，是既要公平，又要正確。然而，每一個人對何謂正確的理解都會不同，所以現代法律本身只可盡量以公平為原則，讓不同的人在平等和尊重多元差異的原則下相互共存。(吳國偉，〈基督信仰與現代社會寬容性〉，《時代論壇》，第七〇三期，二〇〇一年一月二十八日。)

從基督徒的角度反省，將性的宗教性簡單地約化為一種劃一的道德標準，並將其他持不同經驗和意見的信徒界定為反基督教，是過分片面和狹隘的做法，我相信教會在不同社會議題上的參與是一種靈性上的掙扎，因此應以謙卑的態度重新在鄰舍的身上認識陌生的基督，而不是要君臨天下，聲稱惟有我才擁有真理的狂妄自大。

因為只有當我們開放自己，接待那些我們不認識，甚至感到厭惡的陌生人，我們才可以發現基督在他們身上的奇妙作為。讓我們重新認識同志身上的基督吧！

(載於《思》第九十三期，二〇〇五年一月。香港：香港基督徒學會。鳴謝香港基督徒學會允准轉載。)

基督宗教與同志的和解

胡露茜　香港基督徒學會總幹事

首先多謝性文化學會及性傾向歧視立法關注組的邀請，讓我參加這次就性傾向歧視條例立法而舉行的對談會及擔任發言嘉賓之一，希望這次聚會是一次真誠和理性的對話。對基督徒而言，我們更要祈求聖靈無私的愛和感動，使我們可以開放自己，互相聆聽，學習去尊重和接納不同的意見，積極尋求彼此的和解。

今晚由於時間所限，我會嘗試集中分享近期個人對普遍教會在回應這議題的態度的一些觀察、憂慮和建議。

過去兩星期有三件事情令我感到不安的。第一件事發生於上星期日晚上，一位年逾八十的長者突然問我，現在同性戀是否已經失控了？因為牧師說：假如政府一旦立法，牧師和教友可能會因反對同性戀而被起訴。

第二件事是有一位資深的教牧，由於非常擔心性傾向歧視法例一旦通過，香港的教會可能會好像北美的某些教會一樣被強迫按立同性戀者為牧師，所以她亦簽了反對歧視立法的立場書。

第三件事是一位在某基督教小學任教的老師，說她學校的管理層要求校內的老師交代他們個人對同性戀的立場，這事使許多教師感到震驚和不安。

以上事件之所以令我憂慮，並不是因為教會已經一面倒地反對立法，而是由於這種恐懼引致教會內出現了一種近乎非理性，甚至對異見進行審查的現象，這種現象不單會減低我們對法例本身的理性認知和討論的意欲，同時會因對異見的高度防衛而傾向偏聽，更遑論開放教會的門，讓同志團體及同志信徒可以在安全和自在的環境下，與我們分享他們在日常生活中遇到的歧視及他們在信仰上的有血有肉的掙扎。

而最使我不安的是這種將異性戀跟同性戀對立的二元邏輯思維，因為這種思維方式不單強化彼此間的敵我對立，更阻礙教會與同志信徒建立更真誠和人性化的牧養關懷。雖然一些教會人士強調我們反對的是同性性行為，而非同性傾向的人，但為同性戀者而言，他們需要的是教會的體諒、了解及對他們整個人的包容和接納。

相信我們會同意一種真誠的牧養必須建基於我們對另一個人的「真我」的肯定和尊重，這個「真我」當然包括當事人的性傾向和性行為。因為耶穌基督說：「上主是靈，凡敬拜祂的人，必須以心靈和真誠敬拜」(約四：23，現代中文譯本)。作為基督徒，我們更應該深切體會耶穌基督的福音之所以吸引我們，乃是因為上主對罪人的無私的憐憫和寬恕。

因此我建議教會對同志的關懷，應該由針對同性性行為的對與錯，轉移到反省教會如何與同志建立和解與寬恕，因為目前的對立、分隔和敵我的關係才是一種罪的境況，要衝破這種人與人的分隔，我們必須首先伸出友誼之手，與同志尋求和解，因為基督的福音不在乎我們的行為是否正確，而是要求我們彼此相愛。

此外，我想交代一下我個人及基督徒學會對性傾向歧視立法的取態，首先從人權的角度，我們一向支持政府制定消除任何形式歧視的法例，包括性別、殘疾、家庭崗位、種族、性傾向以及年齡等的歧視。但我們亦接受在宗教自由的原則下，政府應給予教會在封職、維繫教義、傳統制度及宗教活動的範疇享有豁免，讓宗教團體透過內部的更新而轉化，但在涉及公眾範疇的領域，例如學校、社會服務等，除非涉及宗教性的活動，否則便不應獲得豁免。然而在接受宗教團體享有豁免之餘，我們仍深深相信消除歧視，讓每個人都可以自由地活出上主的形象，及在人與人之間建立平等公義的關係，才是天國臨現人間的理想。

因此我仍盼望教會在思考性傾向歧視立法時，不要單單從教會的利益出發，更要真心真意的關懷同志在社會受到的歧視，以平等公義的原則，捍衛同志的基本人權。

在理想與現實之間徘徊的教會，可否更謙卑地承認基督徒並不比非基督徒更公義，異性戀者亦不比同性戀者聖潔，對我而言，基督徒最核心的信仰乃是「我們都是上主赦免的罪人」，因此我們可以自由地活在上主的恩典中，滿有喜樂和平安。

最後，我想為大家讀出一首發人深省的歌，是由一位日本歌手沢知惠（Sawa Tomoe）創作和演繹的作品，歌名是The Line（〈界線〉），以下是我的翻譯詞：

界線在哪裡？是愛與恨之間？

是南與北之間？

是女與男之間？
是你與我之間？
那界線，隱而未現的界線，
在世界的每一角落，在日常的生活中
是你去跨越這界線
因為那界線是你。
界線在哪裡？在戰爭與和平之間？
在成人與小孩之間？
在黑與白之間？
在生與死之間？
那界線是我，那界線是你
再沒有界線，只要你跨越那界線
界線不再存在，
再沒有界線

這首歌所渴求的一個再沒有界線的世界。豈不是跟基督徒所祈求的天國的境界相近似嗎？

希望我們也可以為消除基督宗教與同志之間的界線作更多的努力和貢獻，然而一切的和解必先建基於我們對人的基本尊重，並且相信人人生而自由、在尊嚴和權利上一律平等，今天，基督教面對的挑戰是如何以寬容的態度，肯定和接納同志作為人的基本尊嚴和權利，即使我們是反對同性性行為。因為基督徒與同志都是上主所創造和憐憫的兒女。

（載於《時代論壇》第九二二期，二〇〇五年五月一日。）

瓶情的平情話——真情回應關啟文

瓶情

多謝關啟文教授撰文賜教(〈我們為甚麼發起「反對性傾向歧視立法運動」?——平情地回應瓶情〉)(編按:收錄於本書頁38至46),尤其是全文充滿關教授這幾年來心路歷程的剖白,所以不想也不敢貿然回應。經過一日一夜的思索後,我覺得不適宜逐句逐點回應,因為只怕控制不好就會變成針鋒相對。其實最初只是基於有些話不吐不快,很快就寫就了一篇文章,得到的迴響比想像中要多,並且在回答的過程也漸次清晰和凝聚了一些看法,所以我嘗試就著我個人最關注及認為是最根本問題作幾點的分享,作為回應。

一、神學基調

首先,無論反對立法的基督徒是基於甚麼論據,最終還是需要會回到一個基本的問題:信徒或教會在世的使命是甚麼。作為跟隨基督的教會和信徒,我們的使命首先就是為著她/他人而存在的(for the others),特別是弱勢中的群體,若我們先關心或擔心自己的權益(如會否因立法而可能面對不利的處境),遠過於要服侍和牧養的她/他人的需要,就必須按照福音的精神反省和批判自己。我想這點是福音派教會也會接受的，分歧的只是在於如何為別人而活。

令人失望的是，反對立法的基督徒一直沒有提出過，假若真的不用立法的話，如何解決在真實世界中的確存在的歧視性行為帶來對同志在生活中各方面遇到的困難和傷害，這些困難和傷害非但是顯而易見的，更是非受害者所不能體會到的。

更甚的是，關教授明確地指出因為反對立法的團體在社會上是處於弱勢（請留意，處於弱勢並不等同就是弱勢群體），為保障將來不會產生逆向歧視（假若這概念成立的話）和道德／家庭「革命」，以致而把己方定位為一場運動，這種定位豈不正是一場為己（for ourselves）的運動（參第二點）嗎？我沒有意圖論證基督徒不需吃人間煙火，完全不需要為一己著想，然而必須分清楚優次。

二、運動方向及手法

由於一開始把自己定位為一場運動，我和不少弟兄姊妹已多次表達過一種憂慮，作為一個運動，爭取最大籌碼和更多人支持是運動的目標，跟著剩下要著眼的只是策略的考量。關教授説：「運動的影響力是需要時間建立的，我們其實起步已遲了，絕沒有過分反應，説這話的人不是不清楚形勢，就是在使用緩兵之計。再者，現在社會對性傾向歧視法的討論還很表面，反對性傾向歧視立法運動會使這討論更豐富，但意見的流通也需要時間，我們若不及早發言，香港社會很可能在不充分明白性傾向歧視法的底蘊和涵義的情況下，就把這法例通過了。」

過去數年，我們目睹不同的基督教反對同性戀的團體相繼成立，從一開始就形成了一種慣例／策略，搜集和引用大量數據和理由反對同性戀，指出同性戀的不可取，雖然已經有不少朋友指出這些數據和理由是相當有爭議性的，但這些團體一直不斷複製這些看法，鮮見有理會對方的質疑；更令人失望的是，伴隨這些論調的是大量外國反歧視人士慘況的例子，暗示立法後君體它日也相同的印象，在弟兄姊妹中不斷潛而默化地造成白色恐佈，從而支持反對立法。然而這些外國例子會在香港發生嗎？這些例子是屬於立法原則的問題，定還是立法細節不夠完善的問題？是否可能透過立法前詳細的討論而避免？是否可能達成一個既能保障同性戀者的基本人權，而又能避免出現關教授所謂的「逆向歧視」，保障教會及個人信仰／念自由的方案？這些都是反對立法者從來沒有提及過的和真正嚴謹地討論過的。這也是為甚麼我一直強調，沒有立法草案，有意無意地(或策略地？)作出這些恐嚇性論述根本是不負責任的。正如某位弟兄曾指出，這些人作的是在求真還是求勝？我曾聽過有某位反對同性戀的領袖私底下表示，他其實並不那麼反對同性戀的，然而在公開場合則必然旗幟鮮明地堅決反對同性戀的立場。在一場敵我清晰對立的運動中，這絕對是不少人的經驗。

請容我再一次提醒大家，這種敵我對立的運動，絕對不乎合基督、教會和福音的為他精神，反而落入一種以定勝負、分輸贏為目的的較技、抗爭，忘卻了我們的使命，短期內可能會獲得一時的勝利，然而最終受害的不單是同性戀者，還有我們的信仰、見證、教會。

三、擔憂

由於自我定位為抗爭性的反對運動，反對的一方一開始就壁壘分明地把不同意見的雙方放在對立的位置，正如關教授的自述，雙方的對話空間一開始就充滿了不諒解，因為互信的基礎本已不是最首要的目標，多次不歡而散也就逐漸地演變成一場你死我活的戰爭，彼此也愈發不可自制地妖魔化對方。（請恕我直言，這類例子比比皆是，就如在回應我的文章中無緣無故提及「一人一瘋信」活動中常被打斷及有姊妹吸入二手煙而哮喘復發，就算不是借題發揮描黑對手，也自然成為一個標籤化對手的好教材。然而對當晚沒有打斷的人和／或沒有吸煙的同志公平嗎？我可以深切體會到關教授等人的屈辱和為那位姊妹感到不平，然而這種只會增加雙方怨氣、妖魔化對手——有時甚至連支持立法的主內肢體也同樣被妖魔化！——的描述，根本不應在這種公開回應文中以這種方式那麼詳細的交代。請恕我以上那麼不客氣的「失儀」，然而以上的公開評論我也希望只會出現這一次而已。）

所以後來很多時雙方都策略性地利用可見的機會宣傳自己的觀點，及指控和攻擊對方為霸權，不尊重對方的權利，也分別借勢放大若立法或不立法對一己將會有的威脅。大部分的信徒原本都只是在觀望，然而歸邊效應也漸次在教會中浮現，伴隨著過去以失實或誤導的資料所作的大量宣傳攻勢下，在最近的一人一信運動中達到高潮：不少弟兄在連事實也未曾弄清楚的情況下無奈被迫表態（簽名），也有的是因著憂慮和恐懼而在沒有足夠的討論或信仰反省的情況下跟隨帶領者支持反對立法，結果掉進了一種民粹式表態政治。這是我不能認同的，因為這樣已太過遠離信仰的精神和實踐了。

所以我很擔憂。

四、平情話

我相信全然反對或無條件地支持都不是大部分弟兄姊妹的立場，也不是所有同志的立場。基督信仰的團體一直都是異質性的，同志團體亦是一樣。多元包容比攻奸對手是更好及更值得支持的價值和氣質。

我主張應合理地立法，大前提是雙方都透過溝通對話以致達到共識。我知道這可能是很天真的想法，是非常非常不容易達成的，但我仍有這樣的一個渴望、理想和追求。

我呼籲雙方都應嚴肅地考慮對方的憂慮。基督教會和信徒應該真誠地聆聽和正視同志在真實的日常生活中受歧視性行為帶來的傷害和困難；同樣地，同志團體也應該公允地也切實聆聽和正視教會、信徒和市民的對立法後一些灰色地帶的真實憂慮。致力重建尊重和互信，是所有人當下最重要的課題，是所有有心人都應該協助推動的。

（載於《時代論壇》網站，二〇〇五年四月二十一日。）

愈走愈遠還是拉近距離——回應性文化學會

瓶情

一、起步點

看到性文化學會的兩篇文章(〈疑慮未消——回應淡化性傾向歧視立法的危機的論調〉，下稱〈疑慮〉及〈誰在搶佔道德高地？——回應對「反對性傾向歧視立法運動」的道德批評〉，下稱〈高地〉)(編按：收錄於本書頁47-67)，感到非常訝異。對於事情這樣發展，我深感遺憾及不安。

我問：為甚麼那麼自我防衛呢？然而聽到不少性文化學會的弟兄姊妹在這幾個月患上嚴重渴睡症，有時身體不適，精神更承受很大壓力等，那麼這種反彈是完全可以同情地理解的。我不想對號入座，然而我還是希望表明，我沒有質疑過這些兄姊的道德人格，我過去的兩篇文章質疑的是性文化學會等組織自我定位為一個抗爭運動的危險及對教會長遠的負面影響。尼布爾的名著《道德的人與不道德的社會》提醒我們，即使整個社體中所有的人都是道德的，這個社群卻不必然地也是道德的。作為抗爭運動，不是組織的個別人的道德情操，而是運動本身的形格起主導作用；尤其是當運動參與者都有如上述所提及的耗損(burnt-out)時，更須要提防條件反射式的反應，這是任何對抗爭運動有認識及有經驗的人都可以明白地指出的。

看完這兩篇文章——說老實的，寫得相當不客氣和不友善——我也曾想過是否應該停下來不再淌這渾水，可以少些煩惱（的確有網友這樣表示）。然而我發現我仍然有著以下這些信念：

- 期盼及堅持真誠的對話；
- 作為基督的跟隨者，我仍緊抱著因基督的復活而對美好明天的希望；
- 我是基督教會的一分子，我愛顧她，也樂意擁抱著她，與她一起面對困難與弱點。

所以我最後還是寫了這篇回應，表達我的看法——也許有一天我會因為覺得再無貢獻而退下來，但我不希望是因為退縮而放棄我在信仰上的堅持。然而在回應以先，容我表白一下：雖然我一直盡量希望平和地表達我的看法，但仍會有表達不清其或不當的地方，傷害了一些兄姊，我請求妳／你們原諒。

二、陰魂不散的劃一及兩極化

我不會也不想逐點回應，因為已有兄姊在網上回應過或陸續有所回應。然而我也不能這樣做。因為這兩篇文奇怪地不單削平所有不同意見者之間的差異性，更是不恰當地、也有欠公允地使人以為凡是反對者都是相同和一樣的，甚至是有組織性的一群。就如所謂的「淡化SODO危機的十大策略」，雖然作者表示是針對論點而不是個人，然而用不斷使「策略」一詞則暗示和針對論點後面有著組織性的方針與安排，這是相當不幸的。尤其〈疑慮〉一文的主要對象是所有人（即包括教外人及基督徒），假如我沒有理解錯的話。

不消説這種看法根本沒有根據，更重要的是，由於削平不同的不同意見者的差異，視所有反對者為共有一個單一目標和有組織的整體的這種視點，引致了兩篇文章中出現嚴重的問題：

1. 解讀的扭曲與錯置。〈高地〉一文説：「總而言之，按照這些論述，反立法一方是一群非理性且道德人格有缺欠的人。相反，支持SODO一方則理性、溫和、謙卑和有誠信，更用愛心和寬容對待弱勢群體。有道德人格的市民和真正的基督徒應站在哪一方，不是非常明顯嗎？」這種把不同的不同意見者想像出一個整體，視對方正是在運用著一種經過謀算的抹黑策略，所以全部都是「加於反SODO人士的標籤」或如〈疑慮〉一文把一切不同人士的意見都歸類為純出於「淡化」的目的而服務而已，因而所有意見都統統不是真實和真誠的質疑。面對這樣的「攻擊」，要作的回應就自然不是仔細理解和消化不同的不同意見者的意見，或真誠的對話；相反地，兩篇文章都只是不斷簡化不同的不同意見人士的意見（如我提出的自我中心論點），然後重覆一些廣受批評的觀點（立場？），如「反對性傾向歧視法的人可不是在提倡立法去禁制甚麼，只是反對政府禁制不認同同性戀的人」，而完全沒有加以回應不同的不贊同人士的個別不同觀點（如法律的基本性質和立法的精神所在）。更令人不安是，不單對話欠奉，出現的反而是尋求可以反擊（想像中那所有而單一的）對手的方法，於是提出了反對二十三條的例子(兩篇文章都出現!)。二十三條是回歸以來最被廣泛認同的集體記憶，然而只就其中一點的相似性(「不用怕」)卻完全不能對應幾乎所有其它的細節就加以類比(利用?)，不但是錯置及不恰當(例如當時已有草案在手和現在連諮詢文件也沒有)，更有引起這次集體記憶中的其它負面情緒(支持立法一方的橫蠻無理和胡言亂語)而嚴重加劇分化之嫌。這種手法若是出現在非基督教的抗爭運動中，我還可以理解，但作為有信仰有操守的基督教組織，我有極大的保留。

2. 拒絕一切反對聲音。基於解讀出發點的偏差，把眾多完全不同的不同意見者劃為單一的群體，於是就把本來是複雜多元的不同左、中、右的聲音和觀點，簡化成純粹的支持者與純粹的支對者，成為不可調和的兩極。就如〈高地〉一文提出「弱勢群體的兩個凡是」的論點，對我個人來說的確是很值得深思和反省；然而我可以非常肯定，不是所有支持SODO者都是有這種思維的。其實在現實世界中，即使在任何的群體(包括性文化學會)中，都自然而然地會有左、中、右立場等不同光譜的聲音存在，現在把一切不同意見者的差異削平成為純粹的一個整體，就會容不下任何反對的聲音了——包括是自身內部的差異聲音。不容及打壓反對聲音的空間是區分敵我後，進行你死我活的競爭的自然結果。這點我已多次提出，不再重複。但我想補充一點：其實不少支持進行合理地立法的基督徒，過去一直都是性文化學會等組織的支持者，雖然在性傾向立法一事上與會方有不同意見，然而她／他們是以自家人愛之深責之切的定位而提出不同看法，希望可以與會方一起努力，拉近距離。然而突然間她／他們給這兩篇文章定性為非我族類，給劃了出去成為有意圖有組織的一群反對者，這是相當不幸和令人極度惋惜的。

容我再不厭其煩地強調，這種劃一化的區分敵我的手法，造成了求勝而不求真的偏差，正是我在上兩篇文章一直大力質疑的。我認為性文化學會等組織必須反思抗爭運動模式的局限和危險(是在這語境下我提出這是運動獨有的自我中心問題，而不是一般語意下的自我中心)，更重要的是弄清楚自己在整場運動背後的神學理念與根據(如要維護自己的權益或擔心牧者被控訴等理由，是出於防衛性的實然考慮還是有堅實的神學理據)，否則只會不知不覺無奈地跟著運動的盲目規律愈走愈遠，這也是為甚麼我在〈瓶情的平情話——真情回應關啟文〉一文中(編按：收錄於本書頁125至129)，先提出我的基本神學出發點的原因。

三、珍惜對話和不同意見

儘管仍有不少教牧和信徒，未有經過深思熟慮就把性文化學會過去平面、間或失實和不全的資料和觀點繼續不斷重覆，然而回頭一看，其實過去一段日子不同程度的不同意見者不斷提出的不同意見和討論，原來還是相當有成果的：除撇開了立法與不立法的抽象式爭論和表態，而轉為透過不斷討論具體的個例，幫助了性文化學會修正了資料之餘，也把原先簡化了的外國個案重新立體化起來，讓弟兄姊妹可以自行作判斷；透過參考三條平等機會法和未來的種族歧視法，我們漸次弄清楚了不少法律的觀點和程序，把原先過分簡化而造成恐慌的表達語(隨即展開立法程序)、含混的概念(如歧視與歧視性行為),或法例可能涉及的具體範圍等,都大大擴闊了所有關心事件的基督徒更多的參考和討論的空間。這是經過所有參與過討論的人(無論持何種立場)的對話成果。還有的是,對立法有保留(即未必有支持或反對立場)的信徒和教牧也表示了一些真實的憂慮(如教堂行禮或基督教書店有否豁免),提供了應正視和思考該如何合符信仰原則地解決的具體問題。

所以我仍然深信,放下敵我包袱和虛假區分,珍惜不同意見和致力透過真誠對話,拉近大家的距離,才會達致雙贏的局面,更符合基督信仰的精神。最後請容許我引用一位網友在網上的一段說話作為結束(引自〈瓶情的平情話——真情回應關啟文〉的回應區貼文〈不要簡單劃分對手——回Ken S.〉回應者:維記):

> 對於(有人)把支持及反對立法的人簡單劃分及對立起來,視前者為忠於上帝及聖經的人,後者則為不信聖經的自由派,感到很不安。
>
> 我想起已過世的福音派名宿Francis Schaeffer曾分享過,在他年輕時,教會中也有一場聖經是否無誤的激辯,後來在他所屬的教會造成了分裂,一些支持聖經無誤的人離開了另立教會。多年後,他反省到其實是否有必要這樣收場,特別是是否需要質疑仍留在教會的信徒是否不信派或不忠於上帝,難道她/他們都是不得救的嗎?都是上帝棄絕的嗎?還是我們僭越上帝的角色,不自覺成為了上帝,決定誰得救不得救呢?

所以他提出了一句擲地有聲的說話：The mark of Christians is to love each others(彼此相愛是基督徒的標記)。這是他從約十三：34-35引過來的說法，我自己深受感動及啟發。現在的情況相仿：難道支持立法的信徒中就沒有得救的嗎？當中沒有我們的弟兄姊妹嗎？若答案是肯定的話，那麼就當我沒有講過話就好了；但若不是的話，則如何向世人展示我們彼此相愛這個重要的基督徒標記呢？若不能展示的話，世人又怎樣知道我們都是基督的門徒呢？那能夠吸引世人認識愛的福音呢？

(載於《時代論壇》網站，二〇〇五年四月二十八日。)

為甚麼我不支持反同運動？

史偉文

近日政府正就反同性戀歧視法案進行諮詢。具體的條文仍未出籠，可是已經在基督教界中引起了軒然大波。

筆者與部分反對同志運動的中堅分子（下簡稱之為反同人士）相識多年。他們曾在筆者反思信仰的路上作出了不少支持。在筆者的心目中，他們並不是某些人眼中的禁慾主義者，而是有血有肉、講理性講道理的有識之士。在道德的議題上，筆者亦是傾向保守的。筆者相信同性戀是罪，不能認同同性婚姻，亦主張維持一夫一妻制的婚姻制度。

可是，對於反同人士所發起的社會運動，筆者總是覺得有點不對勁的地方。有反同人士曾邀請我參與他們的行列，可是我總是不置可否的支吾以對。只是過去由於筆者理解他們的憂慮，所以並沒有提出過反對的意見。可是，近日的連場爭拗暴露了反同人士思想之中的漏洞，而他們在爭論中亦逐漸的變得排他而不理性。到了今時今日，筆者只能憑著良心向昔日的知心好友道出本人的立場：我不會支持反同志運動。

國家的角色

在近日的爭論之中，有很多反同人士都混淆了兩個不同的問題。「同性戀是否道德」與「國家應否以法律反對同性戀」是兩個問題。我們在第一條問題中答「否」，並不代表要在第二條問題中答「是」。即是說，國家並不應該限制所有不道德的事物。

有論者或會如此反駁：國家的責任不是要賞善罰惡嗎？難道國家並不應該維持社會的道德嗎？筆者並不否定國家維繫社會道德的功能及責任，只是國家本身有其不可逾越的限制。基於這些限制，國家只應及只能維繫部分的社會道德。

論到國家體系的限制，不同派系的政治學家都作過深入的討論，筆者在此無意複述他們的學術成果。筆者在此只能簡述國家體系於維繫道德上的兩大限制。首先，國家只能規範市民的行為，卻不能控制市民的思想，舉例來說，國家可以檢控亂拋垃圾的市民，卻不能令市民在思想上希望令城市更清潔。一個人倘若整天都想著該如何亂拋垃圾、如何令城市更骯髒，甚至教導他人如何如此行，我們可以說他是不道德，甚至是變態的。可是，只要他仍未拋出手上的垃圾，國家不能夠對他做些甚麼：除非國家像《一九八四》中的大洋國那般，成立友愛部以淨化國民的思想。(可是即使老大哥在望著你，他總看不到你內心的隱密處。)道德是關乎內心與行為的，可是國家只能處理行為，這樣國家並註定不能處理所有道德問題。

而國家體系的運作擺脱不了權力的使用，這又造成國家在維繫社會道德上的限制。「權力帶來腐敗、絕對權力帶來絕對的腐敗」，這樣我們便要面對一個兩難的境況：我們可以增加當權者的權力，以加強他對人民在道德上的控制。可是，當權者並不是聖潔的上帝，面對權力的引誘，他很可能會成為腐敗的極權者。這是社會道德的災難。倘若我們不希望見到這結果，便需要對國家的權力加以制衡。這樣，國家的權力便會在某些領域失去作用，亦即是說國家對某些道德領域無能為力。

比如說在某些社會的道德價值中，陰道交以外的性行為都是不道德的。在一些國家中，口交及肛交均是刑事罪行。可是我們試想深入一層：究竟國家如何執行這些法律呢？難道國家要派祕密警察監視行房中的夫婦？這樣的權力恐怕並不能夠令人接受。而在實際運作上，這些法律亦出現了不少問題。馬來西亞前總理安華便曾在政治鬥爭中被人控以肛交之罪名。而新加坡亦曾有警員因曾與女友口交而慘遭勒索。反過來說，倘若我們不願見到上述的那些情況，堅持陰道交的社會人士便只能接受以另外的途徑維繫他們的道德價值。

畢竟，我們並不能在人間建立天國。地上的國家體系有其自身的限制。我們不能因為同性戀不道德，就自動的認為同性戀者該受國家制裁，或是認為同性戀者不應有其反歧視法。

誰來維繫道德？

筆者並無意說同性戀是私德問題，所以並不應受國家限制。事實上，公德與私德的界線往往並不清晰。比如說酗酒可以說是個人操守的問題，可是亦是當事人對社會不負責任的表現。筆者的看法是：即使是公眾道德的問題，亦不一定應交由國家處理。

究竟國家應該在甚麼時候插手呢？基於限制權力的緣故，我們可以說除了在別無選擇的情況下，國家應該盡量放手。而在國家以外，亦有其他機制可以管理公眾的事務：這分別是公民社會與市場。

有一些公共事務，是公民社會與市場均不能處理的。比如說維持社會的秩序與治安，需要有一套合法地使用有限暴力的系統（如警察、軍隊）。公民社會並不能維持一個如此龐大的系統，而市場亦不會有人接手這盤必然蝕錢的生意。是以，國防與公共安全等事務必須要由國家承辦。而社會的貧窮問題往往是市場失效（Market Failure）的後果，而公民社會亦欠缺調動資源的能力。這時候，國家便有責任介入，透過社會福利及收入再分配救濟貧民。

可是，國家適合處理關於性傾向的道德問題嗎？首先，性傾向在很多方面都牽涉入比較私人的範疇，同時亦與個人的思想有關。觀乎前文所述的限制，國家介入性傾向的道德議題，很可能只會引致國家失敗（State Failure）。筆者認為，關於性傾向的道德問題，最適宜由公民社會去處理。公民社會可以提供一個空間，讓社會各界可以討論各種道德議題。而在討論之中，反同人士可以以理服人，讓他人可以由內心出發轉向較保守的道德立場。在我們社會中，我們有足夠的空間以公民社會的渠道去維繫社會的性道德。我們又為甚麼要以國家的法律反對同性戀？

當然，我們若需要以公民社會中的道德討論去維繫社會道德，社會必須要有充足的言論自由。在此，筆者認同反同人士的某些憂慮。筆者認為在未來的反歧視法案中，並不應該有以言入罪的成分。除了暴力恐嚇外，一切的言論均不應為反歧視法案所限制。可是，反同人士亦需要有理性的討論態度，以誠懇的求真態度參與公民社會的道德討論。二元對立的兩極思維，或是替對手貼上種種標籤，都對社會道德的維繫毫無裨益。縱然對手可能是橫蠻無理，我們亦只能以百分之二百的理性回應，惟有如此才能在道德討論上說服他人。

在上文筆者論到國家體系在維繫社會道德時的限制。正因如此，我們不應該以國家的法律對同性戀者作差別的對待。反同人士要維繫其持守的道德理念，最好還是透過公民社會中的道德討論。

可是，即或我們不以法律制裁同性戀者，有人或會認為這並不代表社會應該立法以保障同性戀不受歧視。不過，筆者仍然認為我們不應不分青紅皂白的反對一切反歧視同性戀的法案。筆者仍然會堅持同性戀是不道德，但這並不代表本人可以歧視同性戀者。

同志是社群的一分子

有論者認為，為同性戀者的個人權益說項，是個人主義泛濫的象徵。可是這種評論絕不公允。縱然筆者並不認同部分同性戀者極端個人主義的立場，亦不認同同性戀者的道德理念，可是筆者並不能否認他們是本人所屬的社群之一分子。倘若我們真的要抗拒極端個人主義、假如我們真的相信社群的價值，我們就只能保護、而非剝奪同性戀者的個人權利。

在約翰福音的第八章中，耶穌論及行淫的婦人時如是說：「你們中間誰是沒有罪的，誰就可以先拿石頭打她。」

筆者以前的教會的主任牧師是維護家庭價值的中堅分子。有一次他講道時提及這段經文，指出耶穌縱然寬恕了婦人的罪，卻仍然評論該婦人是犯了罪。這位牧者藉此鼓勵基督徒要勇於指摘同性戀者的罪惡，不要以寬容之名去姑息。這位牧者是位可敬的紳士，其講道內容嚴格來説並沒有大錯誤。可惜其著重點卻差之毫釐，謬之千里。這段經文的重點是在於寬恕與寬容，而不是對罪惡的抵抗。耶穌當然不會以有罪為無罪，可是祂指出我們要以寬容對待犯了罪的人。我們寬容，並不是因為我們同意他人。實情是我們與其他人於上帝的眼中都是罪人，所以我們不得不寬容不道德的他人。

對於同性戀是否合符道德，我們可以有自己的立場。我們應當慎思明辨，亦應當向眾人陳明我們的理念。可是，我們必須尊重同性戀者是與你與我一樣的凡人，亦必須接受他們是我們社群的一分子。這樣，他們個人的基本權益，也就是我們每一個人的基本權利。倘若我們不是自私，就理當支持。一個人之所之應當受人尊重，並享有基本的人生權利，其基礎並不在於其道德是否高尚。他之所以應當享有這些權利，乃是因為人本應生而平等。而人之所以平等，乃是因為每一個人於本質上都是同等的罪人，故此誰也沒有欺壓他人的天然權利。即使是基督徒，亦不能作為特權的基礎。基督徒必須有堅定的道德立場，卻不能因著這立場的緣故而拒絕寬容。

誠然，同性戀在不少基督徒的道德價值中是錯誤的。筆者也是如此相信。可是既然我們與同性戀者同為卑微的罪人，那麼我們除了按良心説誠實話外，再也沒有可以在同性戀者面前自誇的。就讓我們寬恕七十個七次。倘若同性戀者打我們的左臉，就讓他們連右臉一起打。倘若他們要我們走一里路，我們就走足二里。

論到反同性戀歧視法案，筆者的看法是：倘若同性戀者真的受到歧視，而他們的苦況又需要國家介入，那我們並沒有反對到底的道理。雖然，我們不能否認在走了這一步後，部分同性戀者會得隴望蜀，可是即或如此，我們還要堅持尊重同性戀者。請對弱勢者敏感一點。

國家並不應介入所有的道德議題。在某些議題上，國家的介入只會造成國家失效。可是筆者並無意採納新右派的進路，主張國家無為而治的「小政府、大市場」的方針。國家不應該凡事插手，應該盡量以民間的力量解決問題。可是，在市場失效、公民社會無能為力的時候，國家有義務挺身而出，以法律去解決其他方法解決不到的問題。

根據前文的推論，我們可以說縱然我們可以認為同性戀不道德，我們亦需要維護他們的權利。那我們現在便有一個問題：究竟我們是否需要動用國家的力量去達成這一個目標？

筆者承認這個問題的確很有爭議性，在此筆者亦無意提供任何結論。誠然，倘若我們能在公民社會的道德討論中，說服社會大眾寬容同性戀者，這實在是最理想不過。一個全然理性的市場，亦應該不會特別針對同性戀者。可是公民社會及市場又是否足以保護同性戀者？這卻很視乎社會對同性戀者的態度。倘若一個社會極度恐同，那麼市場自然傾向對同性戀者不利，因為市場的參與者大都有杯葛同性戀者的傾向。而這個社會的公民社會，亦很難就同性戀問題作理性的討論。在這個情況，筆者認為國家是應該介入的。可是，究竟香港的情況是否需要政府介入，相信還需要更多實證去説明。

不過觀乎反同人士對國家介入同性戀議題的看法，筆者卻有一種揮之不去的憂慮：他們似乎對弱勢者的處境不夠敏感。比如説他們認為反歧視法案剝削僱主及業主的良心自由。可是他們又有否想到就業與居住都是基本的權利？當然，在某些特定的職業，譬如神職人員，又或是某些特別的物業，譬如教會宿舍或業主所居物業的房間，僱主或業主會有很強力的理由拒絕同性戀者。可是，其他的情況又是否如此？反同人士似乎只注重私有產權擁有者的權益，卻忘記了私有產業亦是公共空間的組成部分。私有產權並不是拒絕對弱勢者的個人權利之充足理由！

有論者認為倘若我們要立法反歧視同性戀者，那麼我們又是否要立法反對歧視肥胖或口吃人士？筆者認為，這種想法已經隱含了對「小政府」的肯定。筆者只想反問一句：難道我們就不應為反肥胖歧視立法嗎？觀乎社會上一些鼓吹瘦身的廣告及電視節目，對肥胖人士極盡挖苦之能事。而社會人士普遍以鄙視的眼光看待肥人，動不動就以「豬扒」、「甲組腳」等詞語羞辱肥人。筆者本身亦是肥胖人士（不少反同人士也是！），對此或多或少亦有一番體會。在報章中，我們亦看到有不少人為求擺脱肥胖而犧牲健康，甚至危及生命。難道我們不應立法反對歧視肥胖人士嗎？

倘若我們相信同性戀是罪，他們並不會因為身為弱勢人士而贏到道德上的優勢。可是，即或我們真的不能認同同性戀者的行為，我們又可否以人性的角度看待他們呢？

筆者明白不少反同人士對於被指為不寬容而感到委屈。可是我們既是和平之子，為何不能以百分之二百的寬容回應指摘呢？

總結

由始至終，筆者的道德立場仍舊是保守的。對於反同人士的付出與委身，筆者只是感到敬佩。不少反同人士在筆者的心目中，都是正直不阿、溫文有禮的大好人。筆者無意敵擋他們，亦無意顛覆基督徒的道德堅持。

可是，目前關於反同運動的論述已偏離正軌。在近日的討論中，筆者看到了不少各走偏鋒的言論，而不少評論已變得情緒化。筆者在此只能愛之深、責之切，深切盼望反同人士能走在理性討論的路上。

（載於《時代論壇》網站，二〇〇五年五月十一日。）

第五章

第三條路線

性傾向歧視問題的複雜性——論歧視及性傾向歧視

黃繼忠　美國華盛頓大學延伸課程講師

為了避免不必要的誤會，讓我開宗名義表明立場：我個人是反對同性婚姻合法化及同性伴侶領養孩童，但至於反性傾向歧視應否立法這個議題，我還未有定論，因為議題相當複雜，牽涉的層面很多。以下簡短的討論，我只能圈點一二，但也盼望拋磚引玉，集思廣益，讓這議題能得到較理性、較深入的審視。

「性傾向歧視」包括數個重要分題，我這裡嘗試先分疏一下歧視的概念與性傾向歧視問題。歧視的觀念常常被人誤解，認為只要受到看似不平等的差別待遇，就等同於受到歧視。其實不然，差別待遇並不一定等同於歧視。如果我是導演，我打算拍一部完全關於白人的電影，我不僱用黑人或黃皮膚的演員，我所作的，不能算是歧視，因為拍這部電影，膚色是有相關性的分別（Relevant Difference），所以我對黑人或黃皮膚演員的不平等待遇是合理的，不算歧視。

但問題亦隨之而來，那麼哪些是不合理的差別待遇呢？如果我是民航飛機公司的僱主，我要請一位飛機師，我可不可以因為知道申請人是同性戀者就不僱用他（她）。他（她）是不是同性戀到底對這份工作能否勝任又有何干呢？飛機師的首要工作，是安全把飛機升降，把乘客由A點送到B點，無論對方是同性戀或異性戀者，只要不影響工作，那麼他(她)的性取向與這份工作到底又何干呢？況且，假設有兩位飛機師，一位是異性戀者H，H常酗酒，與另一位飛機師G相比，G是同性戀者，但G沒有不良嗜好，你作為民航飛機的僱主，你要聘請(或解僱)H或G呢？異性戀與同性戀在這份工作上是沒有相關性的分別(Irrelevant Difference)的，所以在這個情況底下，因對方的性取向而予以差別對待是不合理的，是歧視。

那麼我們需要進一步問，在哪一些工種上，我們可以因為一個人的性取向，而合理地不給予對方一視同仁的待遇呢？如果我辦一間私立基督教中學，不受政府資助，完全是由基督徒，或認同基督教信仰人士集資開辦，教導一夫一妻的家庭倫理，對教師有嚴謹道德操守的要求，那麼身為校長，我不聘請同性戀者為教師，這樣做是否算是歧視呢？我覺得答案是很明顯的：當然不是。因為同性戀者的性取向，已經有違辦學價值理念，所以在這情形下，差別待遇是合理的，不能構成歧視。(同理，如果真的有同志團體自己自立辦學校，教導他們自以為是對的性倫理，選擇不聘請異性戀者為教師，我也不認為是歧視。其實在美國紐約已經有這類同志團體辦的中學，可參考：http://www.hmi.org。)

現在談一些比較令人頭痛的例子。如果我所辦的基督教學校的一部分財政資源是來自政府，換句話說，有一部分錢是來自納税人，甚至是同性戀者納税人，那麼我不請同性戀教師，又或者不租借場地給同志群體使用，算不算歧視呢？

我相信在某一個意義上不算歧視——又或者說這種差別對待是合理的。就是如果大部分的納稅人都認同或不反對我校的辦學價值理念，加上大部分家長都反對同性戀教師教導他們的兒女，那麼我不聘請同志為教師，就不算歧視。問題是，如果我校的大部分財政資源是來自政府，來自納稅人，那麼辦學的自主性便很容易失去，因為如果公眾認為同性戀教師可以教導他們的兒女，那麼我就很難阻止，就算我認為不聘請同性戀教師不是歧視，也沒用，因為我既用納稅人的錢，就要向納稅人負責，他們會認為我在歧視。為了堅守辦學價值理念的純正，我可能要把學校關閉或離職。

另一個棘手的例子，就是私人業主是否有權不出租給同志呢？誠然，如果你沒有刊登廣告招租，只是私下發放消息，想把你的物業租給一些你相熟或信得過的人，那麼我相信你有權租給誰就租給誰。但問題是，你如果在報紙刊登廣告招租，你可不可以因為反性傾向歧視未被立法，就可以白紙黑字註明：「同性戀者免問」(尤有甚者，再加上「有口臭者免問」、「離婚者免問」、「看《花花公子》雜誌者免問」等等)，到底性傾向在居住問題上可否構成相關性的分別，成為差別待遇的合理理據呢？

在某一方面了解，性傾向不能構成相關性的分別，對同性戀者在居住問題上有不平等的待遇。譬如，假設有兩位租客，一位是異性戀者P，但是常常在住所開嘈吵派對到深夜凌晨，鄰居投訴也無效，加上住所骯髒不堪，常發出臭味。與此相比，另一位是同性戀者Q，但Q是一位「標準住戶」，按時交租，不騷擾鄰舍，住所打理得井井有條，那麼你作為業主，你想把你的住宅租給誰呢？再把眼光放遠一點，設身處地想想，如果你是基督徒，在一些反對基督教國家受到歧視，工作處處碰壁，人家知道你是基督徒也不太願意租房給你住，你到底又有何感受？何況聯合國《普世人權宣言》第十三條肯定每一個人有居住權，因此在這個意義了解，性傾向不能構成相關性的分別，作為拒絕同性戀者享有相等的居住權利的理由。

但問題又來了，如果我想租出我的物業給Q，但我周邊的鄰居全部都是虔誠的教徒——不一定是基督徒，他們都表達關注，因為他們都有適齡的學童，深怕他們的子女會受Q影響，那麼Q的性傾向到底能否構成相關性的分別，成為我拒絕出租給Q的合理理由呢？讓我勉強用加拿大魁北克省為例，眾所周知，魁北克省醞釀獨立已有多時，他們的主要理由，是為要保存法裔人文化，不受說英語的文化所同化，那麼如果我要到魁北克省定居，我的兒女讀中學一定要懂法文，那麼我可否說這個語言的要求是歧視呢？我相信不能，他們法裔人有集體權利(Collective Right)去保存他們的文化。同樣的，在某種程度上，我鄰居的關注也可以成為一個需要考慮的理由，去拒絕租我的物業給Q。但到底我們可以把集體權利推到甚麼地步？我們有沒有權利去把所有的同性戀者放到特別的「徙置區」呢？把同志們趕到變相的ghetto呢？是否有點像聖經時期猶太人對待痲瘋病人一樣，把他們「隔離」呢？

我暫不欲就這個複雜問題提供甚麼答案，我只是提出來讓人家討論。

(載於《時代論壇》第九一五期，二○○五年三月十三日。)

走出「劃一」與「豁免」的思維困局——探討反性傾向歧視立法的第三條進路

黃繼忠　美國華盛頓大學延伸課程講師

一、引言：立法問題癥結所在

最近香港教會為反性傾向歧視應否立法這個議題爭持不下，且有愈趨兩極化、尖鋭化的勢頭。反對立法的一方對立法深表憂慮，認為立法除了威脅信徒的生活言行外，且對教會造成莫大衝擊，從講道到牧養都要承擔訴訟風險。而作為公民社會的一個組成部分，因著立法，教會在社會的地位更會被邊緣化，教會所能爭取的法律權利頂多是豁免而已。贊成一方則認為作為弱勢群體，同性戀者（及其他非異性戀者以外人士）在社會各層面受盡白眼，惟有通過立法才能貫切解決受歧視問題。雖然立法建議的細節內容尚待諮詢及草擬，但從一九九八年民政事務局編製的《消除性傾向歧視的僱傭實務守則》為參考藍本可看端倪：按守則B3部分關於「劃一甄選準則」的言論，有跡象顯示反性傾向條例將要以一刀切的方式，應用到「政府、公共機構、私人機構及個人，……僱傭、教育、提供設施及服務、審批組織會籍、頒授專業資格及廣告宣傳等範疇」[1]，牽涉的範圍鋪天蓋地，遍及公民社會各個層面。而對待宗教團體的訴求，則預料僅視作「特殊情況」處理而已。（參考《守則》3.6）

單就立法內容本身而論，我相信這種「劃一」與「豁免」的二元思維正正是立法爭議的癥結所在，也解釋為何正反雙方無法真正溝通，無法真正諒解。縱使雙方有機會坐下談溝通，也只是停留在要麼是吐苦水，要麼是表疑慮的重複表態的循環當中。這亦解釋為何雙方主要的角力據點，是贏取公眾支持，因為寸土既讓，荊州必失，全是「成者為王、敗者為寇」的零和遊戲戰局。但到底這個局面是否真的無法突破嗎？真的不可能有一條出路，同時兼顧到雙方的關注及訴求嗎？真的不可能立一條法例（假若或萬一真的要立法的話），一方面減輕教會團體及信徒的憂慮，另一方消減同志群體所承受的不合理待遇嗎？

本文是一個嘗試，一個探索。嘗試是嘗試為真正的溝通勾勒一個有法律理論基礎的平台，讓雙方有踏實的起步點可循，而不是流於依然故我，公式化的自說自話的表述當中。探索是探索一條能超越「劃一」與「豁免」的鳥籠思維的第三條進路，開闢較廣闊的理念視野，令這個僵持不下的局面，提供一個也許是出路的契機。

為了避免誤會，恕我不厭其煩重申聲明：我不一定贊成立法，我亦不贊成同性戀，我只是說假若（或萬一）真要立法的話，或許可循本文所提議的理路為起步點。由於議題相當複雜[2]，且在現階段我對它還沒有全面掌握之前，我不欲急於下支持或反對的定論。

二、法律權利的四種關係

若要進一步了解為何正反雙方各不相讓，必須以一個堅實的法律理論基礎為依歸，分析立法前與可能立法後雙方的法律地位與權力互動關係。法例不單是一紙細節草文，規範公眾行為，所蘊涵的乃是舉足輕重的法律理念，而不同的法例往往側重不同的理念，影響不同權利義務分配與權力差異(Power Differential)：言論自由的法例與稅務法例的著眼點不盡相同，界定各方的責任與權利性質以致權力差異亦迥異。於此，以下我嘗試提供一個法律理論架構，盼令討論更形清晰著實。

法律理論家Wesley Hohfeld 把法律權利分為四種，而這四種權利是以關係形式出現：[3]

(1) 要求(Claim)：當A有法律要求要B做X，B 就有相應的法律責任為A去做X。舉例：當債主對負債人法律上有還債的要求，負債人對債主就有法律上的責任還債。

(2) 自由(Liberty)：當A相對於B有法律自由去做X，A就沒有法律責任因著B的緣故不做X。舉例：如果一位教授有學術自由提出不受歡迎的意見，那麼縱使大學校長反對，那位教授是沒有相應的法律責任因為校長反對的緣故而閉嘴。

(3) 權力(Power)：當A有法律權力對B產生法律後果X，A所作的自願性行動會被法律上承認對B產生後果X。舉例：一位警察有法律權力逮捕疑犯；一位車主有法律權力令買他(她)車子的人成為車子的新主人。

(4) 豁免(Immunity)：當A因著享有法律豁免權利不需承受B對其產生法律後果X，B就缺乏法律權力對A產生法律後果X。舉例：殘疾人士有法律豁免權利不被徵召入伍；政府相應缺乏法律權力要求殘疾人士從軍。[4]

(2) 亦常被稱為消極權利(Negative Rights)，這類權利只是要求別人不做一些事情，不干涉或侵犯個人自由。公民與政治權利(Civil and Political Rights)如言論自由，集會自由及不受任意逮捕及拘禁權利屬於這類。與此相比，(1)是進一步要別人為自己做一些事情：教育權利要求政府提供最基礎的公共教育，如免費小學教育；醫療權利要求政府提供醫療設施與服務，這類權利亦被稱為積極權利(Positive Rights)。(3)賦予法律權力或能力去改變某種法律關係或地位，執法權利與契約權利——甚至是牧師的證婚權——通常是屬於這類。相反，(4)則是針對別人擁有的法律權力，規範別人在自己身上所能行使的法律權力。因信仰原故不用當兵，又或宗教團體享有某種免稅優惠，都是豁免權利的例子。

三、立法前與可能立法後的法律地位與權力差異

以上述的法律理論架構作分析，我們便更能清楚掌握立法前與可能立法後雙方的法律地位與權力差異陣勢。在沒有反歧視法例保障下，一般被視為弱勢團體的同志群體在法律地位上是處於相當不利的局面。舉僱傭為例，照香港目前的情況，僱主有法律自由(2)可以因僱員的性傾向而解僱他(她)，無論解僱是多麼不合理。就算與性傾向無關的職位或工種，現時僱主是沒有法律責任要聘請(或不解僱)同性戀者。甄選的時候，無論同性戀申請人(或僱員)多麼夠資格，如果他(她)不喜歡同性戀者，就可以不聘請(又或隨時可以解僱)。不但如此，雖然沒有法律明文賦予僱主權力(3)隨時可以解僱同性戀者，但是起碼僱主是享

有解僱或不招聘同性戀者的豁免權利的(4)：就是當僱主因僱員或申請人的性傾向而不合理解僱或不聘請，他(她)是不需要承擔法律後果的——受害人是沒有法律權力去起訴的。所以按現時的情況，僱主法律上起碼享受(2)及(4)，但是同性戀者相對地缺乏上述四類法律權利。況且，以上所談及的只是僱傭方面而已，更遑論其他範疇如服務。所以在沒有反性傾向歧視法例保護下，同性戀者(除了享有一般的公民權利以外)是處於法律地位及權力差異傾斜的劣勢。

可是，若果反性傾向歧視法按照消除性傾向歧視《守則》的指引(又或按著現時支持立法的人士的了解)通過，法律地位與權力差異又往另一邊廂嚴重傾斜。如果按照守則的「劃一甄選準則」，又或像胡露茜所言，宗教人士最多只能爭取法律豁免權利(4)：「……我們亦接受在宗教自由的原則下，政府應給予教會在封職、維繫教義、傳統制度及宗教活動的範疇享有豁免，讓宗教團體透過內部的更新而轉化，但在涉及公眾範疇的領域，例如學校、社會服務等，除非涉及宗教性的活動，否則便不應獲得豁免」[5]，那麼在道德範疇，特別是性及家庭倫理方面，宗教信仰在所有其他的公民社會層面都要靠邊站。但是相對的，在公民社會的所有其他領域，同志團體享有一面倒的法律權力(3)去定義宗教倫理觀的應用範圍，所以並不如邵國華在早前「性傾向歧視講座」提出的這麼簡單：「我哋要求的係將相同的起點畀所有人……當然，你畀咗呢個起點佢之後，佢有冇得升職，有冇得再讀上去，就要睇佢的能力，至於終點係咪一樣，法例係無得保障，係取決於我的能力」[6]，只是讓他們有平等機會或平等的自由去發揮他們的能力而已(2)。更不用說，同志團體擁有法律要求權利(1)，因為當有任何他們認為是歧視的事情，比如學校教師反對家庭可以由兩男或兩女組成，他們可以(主動)要求校方向教師作紀律處分或甚解僱異見者。但是宗教團體所擁有的只是(被動的)法律豁免權而已。因著立法，教會人士(或認同傳統家庭及性倫理人士)只享有(4)，但是同志群體最少享有前三種法律權利，宗教團體及人士的處境可想而知。

四、「劃一」與「豁免」的二元思維困境與出路

我相信以上的分析已經相當清楚點出問題的核心：就是因著「劃一」與「豁免」的思維格局，立法前與可能立法後都出現法律地位與權力差別的一面倒現象。反對立法與贊成立法人士都不約而同假設：如果立法，就一定會以(又或要以)劃一甄選準則應用到公民社會各個層面，宗教團體所享有的只是(或只能)是豁免的法律地位而已。但是這種兩極二元思維，都未能同時切實考慮雙方的訴求和憂慮，無論立法或維持現狀，都是犧牲一方的合理法律權益。難怪乎現時宗教團體為甚麼要高調反對立法，也難怪乎現在同志團體往往只能採取一些激進的手段，如衝擊教會或書店，作一些近乎公民抗命(Civil Disobedience)的行為。耐人尋味，如果(或萬一)真的立法，將來宗教團體又有可能以公民抗命方式，去抗議法例。如是者，香港社會只會陷於無休止的衝突及對抗中。

若要真正解決雙方的疑慮及訴求，就必須拋棄「劃一」與「豁免」的簡單二元思維樊籬。按我個人意見，首先需要

拋開「豁免」這個觀念。即使暫時撇開教義及終極真理的辯論不談，宗教是公民社會一個重要道德、文化及精神資源，宗教團體不能只是配得享有豁免的法律地位而已。縱使不贊同某一宗教所持的道德倫理，也不應以立法方式把它趕到社會邊緣。現代公民社會是多元的，百花齊放，各自精彩，你可以推動同性戀覺醒活動說傳統基督教性倫理錯誤，但我亦可以按聖經說同性戀是罪，雙方均無須要也不應該把對方列入豁免行列，雙方應享有同等自由，所以要從(4)進到(2)思考。

既是這樣，若要立法的話，我們就不應以一刀切方式，將反歧視法裡面的「劃一甄選準則」鋪天蓋地的擴展到幾乎公民社會每一個角落。誠然，在很多日常生活領域，一個人的性傾向是無關宏旨的：你乘坐飛機，你不會問你想乘坐的航班的飛機師是否是同性戀者，然後才決定買或不買票。若果你是醫生，你是不應該只是因為對方是同性戀者，就拒絕提供醫療服務。在公民社會不少領域上，我們須要以不偏袒(impartial)的角度去看待人和事，就算我們不能認同對方的道德價值取向或言行，我們都應該一視同仁。但是在不少其他領域上，劃一甄選方式會帶來諸多問題：除了會嚴重侵犯宗教團體的自由以外，且有一些灰色地帶，是不宜隨便使用劃一準則的，因為一個人或團體的活動可以是介乎私人與公眾領域之間。在這些情況底下，我們是不能隨便使用劃一標準的。

按我個人看法，如要(或萬)立法的話，可按照以下指導原則：**與性傾向不相關的領域，應採取劃一甄選準則；與性傾向相關的領域，受影響的人士有自由(2)——不是**

豁免(4)——決定甄選準則。如是者，雙方的合理訴求得以兼顧，同性戀者起碼在大部分的公營或政府機構，享有一視同仁的法律權利，而在私人領域，包括大多數私營機構，宗教團體及人士(或認同傳統道德與性倫理人士)享有很大程度的自主權。當有法律界定雙方的合理權利範圍，便可避免以法律方式強加個人道德倫理價值於對方身上，亦同時減低不必要的恐懼、懷疑與憂慮。

五、原則的落實

縱使上述建議確能原則上同時兼顧宗教團體的憂慮及同志人士的訴求，但是仍要解決以下關鍵問題：就是怎樣界定何時相關？何時不相關？何時應採取一視同仁不偏袒的標準？何時應尊重受影響人士的自由？更何況在那些事情上性傾向是相關或不相關往往是備受爭議的，那麼縱然上述指導原則很有建設性，但要落實，並不容易。

我承認落實以上原則並非容易，因此更不能草率立法，若要立法的話，也須要以循序漸進方式，先從較少爭議的領域著手，不應一下子通過一條囊括性的法例，涉及各個公民社會領域。以下讓我嘗試提供一些較清晰的指標，希望有助落實上述原則。

首先，何時相關的問題，我在上一分段已略有提及，我也在〈性傾向歧視問題的複雜性〉一文(編按：收錄於本書頁148至151)有進一步交待。這裡我想補充一點：就是性傾向是否相關，要視乎所參與的機構／活動／領域本身的目標與功能。在現代公民社會，每人都參與不同機構／活動／領域，而各個機構／活動／領域都有它獨特的功能和目的：牟利機構的主要目標是賺錢，政府機構的功能主要是服務大眾，教育機構的目的是作育英才，不同的機構／活動／領域側重不同的價值，牟利機構主要的目的不是慈惠，教育機構像中小學主要目的不是賺錢。所以要決定到底道德價值如性傾向是否相關，就要按機構／活動／領域的功能和目的來定準。以政府機構為例，環境保護署、漁農自然護理署、食環署、運輸署、屋宇署等，所涉及的工種與性傾向是拉不上關係的，就算像公立醫院，醫生有可能接觸不同性傾向人士，但也不能只是因為病人是同性戀者，就不一視同仁，拒絕服務。至於非政府組織，如會計師學會、建築師學會等等，也不能因為會員是同性戀者，就拒絕頒授專業資格。會計師的主要職責是把收支賬目搞好及作適切分析，建築師的主要職責是設計安全及符合規格的樓宇，沒有理由只是因為對方是同性戀者，就拒絕承認對方的專業資格。

然而，也有不少其他的機構／活動／領域，性傾向是有關的，而且事關重大。教育，特指是中小學，牽涉價值的傳遞及灌輸，何謂家庭、何謂正確的性倫理觀不能輕率處理，也不能完全讓學生自由發展，不能只是提供一套教材包括兩種不同家庭及性倫理觀，讓未成年學童自己選擇而已。中小學教育免不了帶權威性與說教性的(paternalistic)。(當然，公立大學又是另一回事。)另外，社會工作也不可能完全「價值中立」，作為持守傳統性倫理信徒，我們很難只是對求助者說：「如果你覺得同性戀的生活方式好的話，就按照你的選擇去做吧。」教會團體更不應該被迫背信棄念，聘請同性戀者為教牧又或租出聖堂給同志團體辦活動。

所以我個人認為，反歧視法例不應應用到所有牽涉性傾向及家庭倫理的範疇／機構／活動。不能在這些範疇，用法律強制手段強迫異性戀者接納有違他們道德倫理的價值觀念。這亦違反現代公民社會的多元及互相尊重理念。如同性戀者認為有需要，可以自辦學校，又或提供「另類」社會服務。

當然，我並不是説沒有灰色地帶，也不是説何謂相關的領域是毫無爭議的。舉樓宇出租為例，一方面正如我在〈性傾向歧視問題的複雜性〉一文中提到，性傾向是無關的，一個「標準」租客主要是把住所打理乾淨，不騷擾鄰舍，所以就算是異性戀者，如果他（她）把住所弄到骯髒不堪，且常常打擾鄰居，相信也沒有業主想出租給他（她）。但是另一方面，住屋不像坐巴士地鐵，到達目的地就可以拂袖而去，居住環境與社區是息息相關的。如果鄰居有適齡學童，對同性戀者入住表示關注，那麼我們也需要再三考慮，尊重鄰居的意見。我們不應強人所難，用法律手段硬要別人接納自己的價值觀。所以在灰色性或富爭議性的領域，我們不宜使用強制立法方式，若真的要立法的話，也需要經過廣泛諮詢及共識，及認真評估過其他渠道，認為不可行才考慮。

希望上述的討論，有助落實以上原則。我個人相信，縱使在某些領域裡，性傾向是否相關仍具爭議性，但是在不少領域我們是很清楚知道答案的，那麼我們可以先從較少爭議的領域入手，針對雙方的憂慮和訴求，這樣做已是邁出一大步了。

最後想補充一點。一條立得好的法例，往往比沒有法例更要好，因為若有法律界定大家甚麼可以做，甚麼不能做，那麼就可以按照「遊戲」規則周旋，不需要循其他途徑如政治權力——往往是盲目的——達到目的。舉美國大學為例，很多基督徒不敢直接說同性戀有問題，不一定是因為已經有反性傾向歧視法例規範言論，乃是因為同志團體在校園有一定政治影響力，所以持反對意見者有所顧忌，會作出某程度的自我審查。沒有法律界定甚麼可以說，甚麼不可以說，我們反而不知道怕甚麼，惶恐終日，有一句話說得好：「最怕的就是不知道要怕甚麼。」所以我們不應該單是從懲罰性的角度看法律，法律是有積極作用的，其中一個功能就是規範「赤裸」而往往反理性的政治權力，有助去除不必要的恐懼和憂慮。當然，我鄭重聲明，我並不因此就贊成立法，我只是想指出一個常對法律的恐慌或偏見。

---

1 支持立法的邵國華是這樣解讀，參考〈性傾向歧視立法—需要與誤解〉，《思》第九十三期，收錄在本書。

2 可參考拙作〈性傾向歧視問題的複雜性：論歧視及性傾向歧視〉《時代論壇》第九一五期，收錄在本書。

3 Wesley Hohfeld, *Fundamental Legal Conceptions*. New Haven: Yale University Press, 1919.

4 以上討論及部分例子取自Carl Wellman 的"A New Conception of Human Rights,"收錄在 *Human Rights,* E. Kamenka and A. E. S. Tay, ed. (London : E. Arnold, 1978) 及 *A Proliferation of Rights* (Boulder, Colo. : Westview Press, 1999)。(Carl Wellman曾為筆者老師。)

5 參考《時代論壇》第九二二期〈基督宗教與同志的和解〉，收錄在本書。

6 《時代論壇》網站四月二十五日消息。

(載於《時代論壇》第九二四及九二五期，二〇〇五年五月十五日及二十二日。)

再思反性傾向歧視立法的第三條進路——公民社會與同性戀問題

黃繼忠 美國華盛頓大學延伸課程講師

就「反性傾向歧視應否立法？」這議題，我在〈走出劃一與豁免的思維困局：探討反性傾向歧視立法的第三條進路〉一文提出一條超越正反的第三條進路。[1]我指出無論贊成或反對一方都假設：如果立法，就一定會以（又或要以）劃一甄選準則應用到公民社會各個層面，而宗教團體所享有的只是（或只能）是法律豁免地位。但是這假設都未能同時切實考慮雙方的訴求和憂慮，就此我進一步提出一個立法指導原則為出路：與性傾向不相關的領域，應採取劃一甄選準則；與性傾向相關的領域，受影響的人士有法律自由——而不是豁免權利——去決定甄選準則。

本文再接再勵，嘗試透過審視公民社會不同的組織／領域／機構，探討同性戀問題的相關或不相關性，進而稍微修正以上的立法指導原則。

一、某些公民社會的領域是不宜作道德價值的鬥爭

關於公民社會的問題，社會學與政治學已有許多論述，我無意在這裡涉足這些學術研究。籠統而言，國家或政府以外所有由公民自發組織的團體／機構都可以是公民社會

的一部分，而不同的團體／機構都擁有特定的目標／功能。當我們回到公司或機構，我們有特定的工作任務要完成，而這些任務，往往與某些道德價值——如性傾向——是無關的。如果我是急症室的醫護人員，我不能因為知道（或懷疑）病人是同性戀者，就不去搶救。就算與我一起共事的醫護人員是同性戀者，只要對方盡忠職守，我也要尊重他（她），不是因為他（她）的性傾向，乃是因為他（她）是一位勝任的夥伴。再者，如果我是主管，我一方面不想見到我的同性戀員工在職場上大談他（她）與同性愛伴的私生活，惹來我其他下屬的不滿。但另一方面，我亦不願意見到我的異性戀者員工細數他（她）的婚姻及家庭怎樣美滿，他的妻子怎樣賢良淑德，她的丈夫怎樣才氣橫溢云云，令那些失婚的同事難堪。畢竟，醫護人員的職責是隨時候命，搶救病人，任何影響工作環境的和諧，又或令工作環境複雜化、政治化的舉措或言行都是不利的，甚至是危險的，因為會破壞夥伴合作關係，阻礙任務完成。而反歧視法例除了達到在性傾向不相關的領域一視同仁、不偏袒的甄選目的之外，其中一個好處，就是規限個人道德的衝動與論斷，不讓職場政治化，淪為道德與意識形態的鬥獸場，影響職場的運作及任務的執行。

所以參與不同機構／活動／領域的時候，就須要先認定機構／活動／領域的主要目標／功能，然後進一步評估到底道德、宗教，甚至性傾向及家庭價值有多相關。面對宗教在西方社會漸趨私人化，甚至是邊緣化局面，有論者力圖挽回宗教在公共空間（或公民社會）的地位，提出（重新）把宗教信仰公共化。[2]誠然，宗教是重要的道德、文化及精神資源，在公民社會與公共空間應享有一定地位，但將宗教信仰(重新)注入公共空間仍須要謹慎，因為公共空間不是劃一的領域，公共空間乃多元的，[3]是由不同的機構／組織／領域組成，而不同的機構／組織／領域有不同的目標／功能，因此不是所有的領域都適宜高談某些道德或信仰價值。

一言蔽之，一位好的醫生／消防員／警察／新聞從業員不一定是基督徒，也不一定有美滿婚姻，私生活也可能很糊塗。但無論是佛教徒、基督徒、無神論者、離婚人士、同性戀者，當進入這些職場／組織／領域的時候，首要的任務是與其他不同信仰，不同價值觀人士建立合作夥伴關係，將本分的工作做好，而不是要處處批評對方的信仰怎樣錯誤，又或指出對方的私生活怎樣不是，帶著清理道德門戶的心態，來達到見證信仰的目的。當然，我鄭重聲明，我並不是說，我們完全不應向同事傳福音，我也不是說要隨便讓公共領域侵佔私人空間，我只是說，我們需要謹慎，避免把職場(或公民社會某些領域)當作道德或信仰價值的競技場。

二、某些公民社會的領域是適宜或應該有道德價值的競爭

然而，在某些公民社會的領域，道德價值如性及家庭倫理是相關的，而且競爭是在所難免的。正如我在〈走出劃一與豁免的思維困局〉一文指出，中小學教育、社會工作，以至宗教信仰，必然牽涉道德價值的灌輸與傳遞，所以需要小心處理。而同志團體所提倡的性倫理及家庭觀念

正與傳統理念有很大分歧，所以在這意義下，因不同價值取向，而有不同的對待是合理的，不算歧視。姑且暫時擱置誰對誰錯的真理問題不談，若要在現代多元公民社會的框架內處理這類價值衝突問題，我們只能讓不同的道德價值擁有各自發揮的空間，作良性的競爭。例如，同志團體可以自辦學校，又或提供另類社會服務，如果異性戀者的父母想把他們的兒女送到同志學校，我們也無權阻止。但是同志團體是不應用法律手段，強迫現行辦學團體改變他們的辦學價值理念，將備受爭議的不同價值觀念放進同一教育或宗教機構／團體的議程。正如佛教廟堂不會也不應被迫傳揚基督教信息（又或長洲教會不應在太平清醮時踩場），同志團體也不應在性傾向及家庭價值相關的領域，強迫異性戀者接納同性戀者的性及家庭倫理觀念為另一選擇而已。

至於誰對誰錯的問題，我相信應該在討論性的公共空間（Discursive Public Sphere）或文化的領域去解決。如果同志團體認為真理在他（她）們那邊，那麼是應當通過不同理念的公平競爭，讓公眾審視各方論證後再作出定案。其實許多反對立法人士對同性戀者的境況不單缺乏了解，而且對同性戀議題只是略知皮毛，人云亦云，所以更有必要讓公眾多認識。（我亦明白我們不能把同性戀問題過分道德化，可參考拙作：〈從悲劇處境看同性戀：探討道德倫理以外的信仰境界〉[4]。）這也是為何我認為反歧視法不應應用到這些範疇，也為甚麼我強調「與性傾向相關的領域，受影響的人士（或團體）有法律自由——而不是豁免權利——去決定甄選準則」的原因。

當然，有某些機構或領域裡，不同的價值觀念不單是容許的，而且理應鼓勵的。舉例，讓不同理念有公平競爭的機會，是大學教育的理想。而高度的言論自由，是大學教育不可或缺的。大學當然應該保障不同人士免受惡意中傷或滋擾，但是當我們立一條反歧視法例的時候，仍須倍加小心。因為「惡意(嚴重)中傷」、「煽動仇恨」等等觀念除了存在許多灰色地帶外，且會容易令某種言論或價值取向變成特權論述，用以打壓反對聲音，窒息大學的思想自由氣息，有違大學教育理念，也偏離了反歧視法例的原意：就是針對在不相關的事情上的(不合理的)差別待遇。所以在一些需要高度言論自由的領域／機構／組織裡，如果有反歧視或禁止煽動仇恨法例的話，也需要相應調整，盡可能收窄應用範圍。

三、處理沒有特定目標／功能的公共空間

耐人尋味，公民社會某些公共空間，是沒有特定的目標／功能，如鬧市或海灘。你可以在尖東海傍吃冰淇淋、耍太極、用天文望遠鏡觀星、與心上人漫步等等。這些公眾地方要作甚麼用途，很視乎使用者怎樣決定。但是否在這些地方喜歡作甚麼，就作甚麼呢？是否可以裸跑呢？是否可以隨地「解決」呢？當然不可以。所以就算這些公眾領域是沒有特定的目標／功能，並不意味甚麼都可以做。

然而，要怎樣規範某類行為或言論仍要面對以下困難。一方面當然我們應當有一些普通的條例規範某些出位的行為(如淫褻及不雅行為)，但是這類條例要針對所有人，不論是異性戀者或是同性戀者。但如果我們要採取一視同仁

的態度，譬如我們要立一條反性傾向歧視法例：就是任何人在公眾地方對同性戀者的親暱行為説三道四都會可能受到檢控的話，那麼為了保持中立緣故，我們也應該有其他反歧視法保護其他的群體。譬如，當我們在街上派發福音單張或傳福音，遇到有途人不喜歡我們，甚至謾罵，出言侮辱我們，按理我們可以要求立法去檢舉那些謾罵或侮辱我們的人。而一些令人厭惡的行徑，如當眾挖鼻垢、講「粗口」，又或道德義憤，如保釣遊行時所喊的反日口號，都可能納入禁止被歧視條例之列。那麼所有「我很憎X」的言論（X可以是「當眾挖鼻垢的人」、「講粗口的人」、「教徒」、「日本人」等等）都可以成為入罪的理由。但是我相信這樣做不單嚴重侵犯言論自由，而且會有強迫別人接受個人身分及價值取向、以致道德及信仰觀念之嫌。「我很憎X」到底是不是煽動仇恨，很視乎實際情況而定，如動機、説話語調、身體語言、受眾、誘因、可預料或難預料的後果，説話者的文化背景及價值觀等等。正因為其處境性及眾多可能因素，若有反歧視條例禁止所有因種族、性別、國籍、宗教、性傾向，甚至「講不文話」等等的煽動仇恨言論，會削平公共空間的價值多元性及嚴重限制言論表達。所以按我個人意見，在一些沒有特定的目標／功能的公共空間，是不宜有反性傾向條例的，若有的話，也不能要求太嚴苛，只應針對非常嚴重的情況，如煽動群眾對同性戀者作出身體傷害。其實同性戀者跟異性戀者、有信仰或沒有信仰的人士一樣，已經受到普通的公民及法律權利所保護。我總覺得，若要真正改變公眾對同性戀者的態度，正如前面所述，始終要在討論性的公共空間或文化領域入手。

鑒於上述考慮，我把我所提出的立法指導原則稍作的修正：**與性傾向／家庭價值不相關的領域，應採取劃一甄選準則；與性傾向／家庭價值相關的領域，受影響的人士／團體／機構有法律自由——而不是豁免權利——按各團體／組織／領域的目標／功能去決定甄選準則；在沒有特定目標／功能的領域，受影響的人士／團體／機構，只受一般公民權利所包涵的準則所保護——假若立法，也只針對非常嚴重的情況。**

結論是：反性傾向歧視應否立法是一個複雜問題，並不只是單純贊成或反對，因為要視乎立法的細節條文，也須同時兼顧雙方的合理需要及訴求，亦要避免或減少法律權力傾斜的情況出現。一個公義和多元的社會，是在不相關的領域，作出一視同仁的對待，但在相關的領域，差別對待是合理的，因為反映不同的價值取向。

---

1 刊於《時代論壇》第九二四與九二五期，收錄在本書。

2 可參考關啟文〈公共空間中的宗教：自由主義對基督宗教的挑戰〉一文，載於羅秉祥、江丕盛主編，《基督宗教思想與21世紀》〔北京：中國社會科學出版社，二〇〇一年。〕

3 可參考Nancy Fraser 對哈伯馬斯的公共空間論述的批評："Rethinking the Public Sphere"收錄在*Habermas and the Public Sphere,* Craig Calhoun ed. (Cambridge, Mass.: MIT Press, 1992)。

4 見於《時代論壇》第八九八期。

（載於《時代論壇》第九二八期，二〇〇五年六月十二日。）

《時代論壇》簡介

創辦於一九八七年的《時代論壇》，是一份應時代需要而出版的週報，由一群對香港教會有承擔的牧者及信徒所發起，主要目標是在這急速轉變的時代中，提供時事和社會分析，輔助信徒洞察時變，積極回應時代的需要，發揮基督徒先知的責任；同時希望能建立資訊網絡，迅速傳遞信息，並促進教會彼此聯繫、建立共識、互相支援。

《時代論壇》創刊時，其角色和使命都十分清晰，它從來就不是市場主導的產物。在無休止的紛爭、矛盾和負面的資訊世界中，《時代論壇》仍舊以單純的信念，理性的思辯，以耶穌基督的心為心，用心去報道及評論，並提供互動空間，彼此豐富和勸勉。

《時代論壇》由資深報人李錦洪先生任社長兼總編輯，逢星期日出版，印刷版及網上版（網址：http://www.christiantimes.org.hk）同步發行，讀者超過四萬人。

「在講求競爭化的年代，我們憑甚麼和別人競爭？力量，來自過去；力量，源於三一真神的應許。」（李錦洪，〈社長的話〉，載於《時代論壇》網站。）

讀者意見表

時代論壇
CHRISTIAN TIMES LTD

www.logos.com.hk　www.christiantimes.org.hk

衷心多謝你購買本書籍。為使我們的出版更能滿足你的需要，請填寫下列各項資料，並寄回或傳真予我們。

所購書籍：____________________

本書最吸引你的地方：
□作者　□適切性　□文筆　□設計　□實用性
□其他：____________________

購買本書地點：
□基道書樓　□基督教書店　□非基督教書店
□《時代論壇》網站

性別：□男　□女　職業：____________________

信仰：□基督徒　□非基督徒

年齡：□ 16 歲或以下　□ 17 ～ 25 歲　□ 26 ～ 35 歲
□ 36 ～ 55 歲　□ 56 歲或以上

學歷：□中三或以下　□中五　□預科　□大學　□研究院

是否《**時代論壇**》讀者？　□是　□否

□我欲了解更多**基道出版社**及《**時代論壇**》的事工及考慮支持，
請寄給我下列資料：
□機構簡介　□新書資料　□基道會員通訊

姓名：____________________電話：____________________

地址：____________________

傳真：____________________　電子郵件：____________________

其他意見：____________________

多謝賜教！

意見表可以傳真（2785-8335）或直接郵寄以下地址：
香港九龍油麻地彌敦道476號優質教育集團中心11樓
基督教時代論壇週報編輯部收